何九盈与家人李学敏（妻）、何鲤（子）、李韧（女）合影

题辞

为学就是追求真理。

自我反思，自我批判，是追求真理的必要条件。

阻碍你追求真理的那个家伙，不是别人，就是你自己！

何九盈 2015年5月

外一种

中国现代化进程中的语文转向

何九盈 著

ZHONGGUOXIANDAIHUA
JINCHENGZHONGDE
YUWENZHUANXIANG

语文出版社
·北 京·

图书在版编目（CIP）数据

中国现代化进程中的语文转向 : 外一种 / 何九盈著
. -- 北京 : 语文出版社, 2013.8
ISBN 978-7-80241-834-9

Ⅰ. ①中… Ⅱ. ①何… Ⅲ. ①汉语－书面语－研究
Ⅳ. ①H1

中国版本图书馆CIP数据核字(2013)第165662号

责任编辑 南保顺
装帧设计 梁 明
出　　版 语文出版社
地　　址 北京市东城区朝阳门内南小街51号 100010
电子信箱 ywcbsywp@163.com
排　　版 语文出版社照排室
印刷装订 北京市兆成印刷有限责任公司
发　　行 语文出版社 新华书店经销
规　　格 890mm × 1240mm
开　　本 A5
印　　张 8.25 1插页
字　　数 188千字
版　　次 2015年8月第1版
印　　次 2015年8月第1次印刷
印　　数 1-2,000
定　　价 25.00元

010-65253954(咨询) 010-65251033(购书) 010-65250075(印装质量)

出版说明

本书为我社2007年出版的《汉语三论》一书的一部分。征得作者同意，《汉语三论》一书分编为两本，一本为《中国现代化进程中的语文转向》（外一种），一本为《全球化时代的汉语意识》，仍由我社出版。原书前的《几点说明》和书末的《后记》，谨遵作者之意，一仍其旧，同时收录。

本社编辑部

2015年5月20日

几 点 说 明

一、这是三篇在内容上相对独立的论文，旨在研究现代汉语书面语的历史，普通话的历史，汉语如何走上世界等问题。这三大问题互有联系，故合为一书，名曰《汉语三论》。

二、《中国现代化进程中的语文转向》一文，在定稿过程中，邵永海、杨荣祥两位先生曾提出宝贵意见。

三、2004 年 2 月我应香港科技大学人文和社会科学学院院长丁邦新教授邀请，赴该院访问，曾以《转向》一文演讲。丁邦新、张洪年、孙景涛、张敏、朱晓农、杨荣祥、张军等先生，不吝赐教。此后，又应澳门大学中文系主任宋绍年教授邀请，以此题作学术演讲，听讲同学及邓骏捷等先生亦有赐教。

四、2004 年 2 月 24 日，我应邀赴香港大学中文系作学术演讲，从《全球化时代的汉语意识》一文摘取部分内容，题为《母语与现代民族》作为讲词。承系主任单周尧教授、李敬忠教授和于昕先生及多位同学不吝赐教。

五、这三篇论文从构思、写作到定稿，历时近四年。每立一论，必有多种材料为据，而大量资料均属新购，教育部哲学社会科学研究重大项目的资助，为此课题的完成提供了重要保证。

六、对以上提到的给予本课题以各种各样帮助的单位或个人，在此一并深表感谢。

何九盈

2005 年 9 月 4 日

目　录

中国现代化进程中的语文转向

提要：现代汉语书面语（文学语言）的发展已有一百多年的历史，但从未有人对这段历史进行全面总结。本文实际上是一篇现代汉语文学语言发展史论，研究了现代汉语书面语发展的全过程，划分出五个发展阶段，对各阶段的特点做了初步研究。在此基础上，进一步研究了现代汉语书面语系统的三个来源。着重探讨了翻译和现代书面语的关系，文言和现代书面语的关系。如何正确看待这两种关系，本文从事实出发，提出了积极的、建设性的意见，对于现代汉语书面语的发展将起到一定的促进作用。

引　言

面对全球化、网络化的 21 世纪，回望 19 世纪中叶以来中国现代化的进程，从现实眼光和历史眼光来研讨中国语文的转向问题，已经成为中国文化界颇受关注的重大课题。

140 多年来，中国语文转向与中国文明模式的现代化几乎是同步进行的。正如中国现代化是命定的也是唯一理性的选择一样，中国的语文转向，同样是命定的、是唯一理性的选择。也就是说，从清末开始，由古代汉语转向现代汉语，由文言转向白话，由语言封闭转向大开放大吸收，是中国语文走向新生的必由之路。百余年的语文新潮，波涛壮阔，汹涌澎湃，顺之者昌，逆之者亡。经过种种艰难曲折，确立了以白话文为正宗的新的话语体系、新的书写体系、新的思维模式，这是中国文化史上一次翻天覆地的大变化，无论怎么评价其意义都不算过分。

语文转向涉及中国文化生态环境的各个方面，是一个极为复杂的历史过程。潮起潮落，有主流也有逆流，有正面作用也有负面作用。世界上不存在有百利而无一弊的完美事物。药能治病，而药都有毒。语文转向给中国语文造就了新的活力、新的生机，是否也带来了新的问题呢？尤其是在跨语际交流、跨文化对话中语言竞争日益激烈的今天，汉语怎么由弱势语言变为强势语言呢？这些都牵动许多人的心。

20世纪90年代以来，社会比较安定了，文化人的日子比较好过了。于是，旧文化的“乡愁”不由得阵阵袭来。有人赞美文言，贬抑白话，提倡读经，主张回归传统，以此作为拯救传统的妙方。回归传统并不就是复古，并不等于保守，往往是由于对现实的语文生态环境有诸多不满，眼看英语独霸天下，汉语地位今不如古，语言污染日益严重，语文滑坡之势几乎无法逆转。中年以上的文化人，“语文忧患意识”“母语忧患意识”油然而生。乡愁加新愁，汇合为一个主张，这就是一位现代诗人提出的：

> 重建汉语自1840年以来几近丧失的尊严，使现代汉语重新获得汉语在历史上，在唐诗和宋词曾有过的那种光荣——并非梦想，而是一条伟大的道路。[①]

① 诗人于坚语。转引自王耀文《全球化语境中的汉语问题》，见《中华读书报》2002年12月18日《国际文化版》.

汉语汉文由“尊严”的“丧失”到地位的逐渐复兴，从一个侧面反映了中国文明在现代化的进程中由“解构”到“重建”的历史演变过程。这个过程经历了许多挫折、扭曲，但复兴“并非梦想”，这是毋庸置疑的。语文地位的复兴，取决于国力、取决于经济地位；而汉语本身在必须大开放大吸收的同时，也应努力维护自己的尊严，维护自己的纯洁性，提高自己的竞争力，这也是毋庸置疑的。

因此，研究140多年来语文转向的经验教训，对语文转型过程中的历史遗留问题和当前的语文发展方向问题进行探讨，对于实现下列目标，即“使现代汉语重新获得汉语在历史上……曾有过的那种光荣”，应该是有促进作用的，是有积极意义的。我们的现代汉语书面语虽然早已形成，早已取得法定的正宗地位，但它是不是十分成熟了呢？这还是一个很难回答的问题。1961年，赵元任曾提出一个问题：“什么是正确的汉语？”他的结论是：“语言的正确最终是绝对的规定。”[①] 在当前或者今后，为了汉语的正确，为了汉语的尊严，我们应该做出哪些“绝对的规定”？这也是语文工作者应该探讨的问题。其实，百余年的语文转向，已有不少“绝对的规定”，如白话正宗地位的确立，普通话基础方言的规定，普通话的规范与大力推广，汉字形音义的规范，汉语拼音方案的制定与实施等，正是这一系列规定保证了中国语文的大转向。

① 《赵元任语言学论文集》. 846页，商务印书馆，2002.

壹、何谓“语文转向” 中国语文为什么要转向

“语文转向”是本文的一个主要概念。为什么我要用“语文转向”这个概念，而不用现成的“语文革新”“语文现代化”这样一些提法？这并不是故意标新立异，而是我觉得“语文革新”“语文现代化”之类的提法并不能全面准确地揭示语文转向的实质。

“革新”即“革故鼎新”，即“革除旧的，创造新的”。如“技术革新”“革新运动”。“语文革新”也可能是由“技术革新”类比而来。二者性质不同，技术可以“革新”，语文不能“革新”。百余年来的事实证明，汉语和汉字都发生了不同程度的变化，甚至变化很大，但汉字只是有“改”无“革”，并没有创造出一种新的什么文字来取代汉字，汉语拼音方案即使作为文字来看待，它也没有取代汉字，在当前连平起平坐也谈不上。至于汉语，它的词汇、语法均已发生深刻的变化，可汉语并没有被革除掉，并没有谁创造出一种新的语言来取代汉语。“语文革新”这种说法是经不起推敲的，是不严密的。

“语文现代化”的提法历史不长，很明显它是套用模仿“工业现代化”“农业现代化”之类的词语“克隆”出来的。1980 年上海知识出版社出版过不定期丛刊《语文现代化》。它的发刊词对“语文现代化”的定义是：“文字改革就是语文现代化。也可以说，文字改革的最终目的是语文现代化，语文现代化的首要工作是文字改革。”[①] 1994 年在北京成立了中国语文现代化学会，它提出的研究

① 参见费锦昌主编《中国语文现代化百年记事》，366 页，语文出版社，1997.

课题和奋斗目标，主要是着眼于当前语言应用方面的问题。如推广普通话、完善《汉语拼音方案》，加强现代汉语、现代汉字的规范化、标准化研究，以及中文信息处理的研究。

上述一刊一会对“语文现代化”的解释就很不一样。这个概念在一定范围内颇为流行，但也不是没有争议的。1995 年 12 月 23 日在南京“语文现代化问题”座谈会上，韩陈其的发言就表示：“语文现代化这个提法本身还有不少问题。”[①] 世界各国所有的现代化都是靠两个轮子运转前进的。一轮叫科技，一轮叫人文。二者互相依存，互相促进，缺一不可。科技的现代化事实上就是国际化，科技作为产业必须跟国际接轨，完全可以采取“拿来主义”。人文这个轮子，包括语文在内，情况就要复杂得多。从语文应用层面来看，如汉字信息处理，我们可以称之为“语文现代化”，可汉字、汉语能跟国际接轨吗？能全球化吗？在历史上曾经有人主张废除汉语、废除汉字，以为这样就可以跟西方接轨，事实证明：此路不通。如果连自己的“语”和“文”都没有了，成了“无轨”之人，拿什么跟人家“接”！“语文现代化”的提法容易导致片面性，即把传统与现代对立起来。现代应当继承传统。我们只能用现代的话语体系去解释传统，但不能“化”掉传统。我们不能“化”掉孔夫子，也不能“化”掉十三经、二十四史，也不能“化”掉文言文、甲骨文、金文，甚至连《说文解字》《康熙字典》也不能化掉。可见“语文现代化”是一个赶时髦的口号。这个口号的提出者根本没有考虑如何对待传统的问

① 江苏省语言学会学术委员会于 1995 年 12 月 23 日曾举行“语文现代化的问题”座谈会。见郭伯康《中国语文工作者的使命——“语文现代化问题”座谈会纪要》，《语言文字应用》，1996 年第 3 期.

题。这个口号既不能准确地对百余年来的语文转型进行历史性的概括，也不能正确地全面地指导当前的语文建设。所以，20多年来，这个口号在社会上几乎没有什么号召力，我个人也决定不采用“语文现代化”的提法。当然，这只是个人的一种看法，不一定正确。我这样讲，也许会得罪一些人。但学术研究允许自由探索，不能只有一个口号，一种主张。

“语文转向”这个提法就对吗？这要由时间来做结论。

从目前来看，这个提法至少有两点好处。

一是摆正了传统与现代的关系。140多年来，中国语文转向的总目标总趋势无疑是由传统转向现代。具体内容就是：由古汉语转向现代汉语，由以文言文为正宗转向以白话文为正宗，由以汉语为单一的教学语言转向有附加语言的多元教学语言，由自然“标准语”转向法定的规范化的标准语（普通话），由汉字单一书写体系转向以拼音文字为辅助的双符号书写体系，在印刷文化转向电子文化的时代，汉语也发生了由单一的纸上读写转向纸上和屏幕的双重读写（年轻一代有所谓“弃书投网”的说法），我们说这些都属于“转向”，因为它既没有切断传统语文的命脉，又从传统中孕育出新的发展方向。“转向”当然不是听其自然，有人为的干预，有“绝对的规定”。但不论什么样的“干预”，什么样的“规定”，都必须尊重语文发展的内在规律，它自身的逻辑。所有企图用“革”的办法、用“化”的办法来解决传统与现代之间的种种矛盾，都是行不通的。传统语文为现代语文的发展提供了宝贵的资源，是现代语文发展的立足点、基地。“语文革新”“语文现代化”的提法都没有给传统语文以应有的历史地位、现实空间。

二是摆正了语文与现代化的关系。现代化是世界潮流，各民族迟早都要随潮流而进。语文转向并不具有“普世性”，也不需要“全球化”。语文转向只是我们中华民族为了适应世界潮流而不得不做出的选择，是在中国现代化大背景下产生的历史任务。现代化是大前提，语文转向是实现这个大前提的必要条件。如果没有现代化这股世界潮流像洪水猛兽一样冲击中国，中国依然闭关锁国，处在中世纪的古典语文生态环境中，中国语文就完全没有“转向”的必要，也没有“转向”的可能。中国现代化遇到的第一道难关就是语言障碍。语言文字是我们进入国际社会的唯一方式。郭嵩焘深明此理，故曰：“出使以通知语言文字为第一要义。”① 洋人打上国门，我们被迫跟洋人打交道，打交道就得说话，就得通晓对方的语言、文字、文化、思维方式。客方的强势语言就必然对我方的弱势语言进行渗透、输入，乃至改变词汇体系、语法规则，形成所谓“欧化”汉语。但不论怎么“欧化”，汉语总还是汉语，这就是语文转向与科技现代化在本质上的不同。

从西方现代化的历史来看，语文并不一定要急转向、大转向，而汉语面临现代化的大潮，为什么一定要发生几千年以来未有的大转向呢?

西方的现代化属于原生形态，它的社会转型是从内部发生的，是一个漫长的渐变过程，它的语文演变基本上是自行性的新陈代谢。而汉语遭遇现代化是突发的、是被动的。且汉语汉字的历史极为悠久，文献极为丰富，“语”和“文”又严重脱

① 《郭嵩焘日记》. 册三，转引自汪荣祖《走向世界的挫折》，246 页，岳麓书社，2000.

节，“文”的内容也以古典为主，面对现代化的西方世界，发展到19世纪的汉语，的确已经老了，“真成了退化的语言”。[①] 它的老态主要表现在：

一、语文教育老化

中国的语文教育，从西汉到清末，几乎没有什么根本性的变化。语文教育的内容完全脱离实际，完全脱离世界潮流。以经史子集为主要内容的语文教育，是为农业社会、为宗法制度服务的，在工业时代不能说完全是无用之学，但它的用处在别的方面，与现代化基本无关。它不能挽救国难于危亡，不能拯救百姓于水火，不能御强敌于国门之外，不能用经学原理来制造轮船大炮，来识别太阳与地球到底谁绕着谁转。经史子集本是传统文化的宝贵财富，是我们民族的光荣，但代代相传，陈陈相因，“非三代两汉之书不敢观，非圣人之志不敢存”，[②] 经典也就成了包袱。晚清的保守派动辄就引用“诗云”“子曰”、引用“夷夏之辨”、引用三纲五常来反对现代化，反对西方文明，反对由西方传入的现代思想，恰恰足以证明我们的语文教育已不合时宜，经典本身就面临着重新估价的命运。日本比我们接受西学要晚，而现代化的进程比我们快得多。我们的觉醒比日本早，当魏源编著《海国图志》（1842）时，美国人还没有打开日本门

① 傅斯年.《怎样做白话文》.《新潮》一卷二号，民国七年十二月二十六日（1919年1月27日）.

② 《韩昌黎集·答李翊书》. 第四册，第十六卷，58页，商务印书馆，1958年8月，上海第一次印刷.

户[①]、明治天皇（1852—1912）还没有出生呢[②]。而日本一旦觉醒，就很快地被人称为“戏剧性地”实现了工业现代化。究其原因就是中国的经典包袱太重太重。用经典教育武装起来的士大夫，绝大多数头脑僵化，思想糊涂，几成废物。有什么样的语文教育就会出现什么样的人才。旧式的中世纪的汉语教育怎么可能塑造出现代性的国际性的人才呢！这一条说的就是供人们学习的书面语言已经老化，从中得不到近现代的思想、信息和社会改革知识以及科学知识。

二、书面话语老化

人们学的是老化了的汉语，用于写作实践的又是老化了的书面汉语，这就是束缚人们思想的文言文。关于文言文的功过，文言文的现代命运，21 世纪的人们应如何对待文言文等问题，下文还会谈到。但以文言文为正宗，造成言与文严重脱离，这肯定是不好的，是不符合一个现代社会的起码规范的。吴大猷在分析古代中国为什么只有技术而没有科学时指出：“第一因素，可能是我们从未发展了科学术语——符号——的运用。西方数学的进展，由符号、方程式的引入而突飞猛进。符号系逻辑思索的最基本的工具。我国的文言叙述，使科学研究结果的传达，极其困难。一个数学家研究所得，往往埋没于著述中。这是我国典籍中

① 美国海军军官佩里（Matthew Calbraith Perry）率领远征航队于 1853—1854 年迫使日本改变闭关政策与西方建立贸易和外交关系.

② 明治天皇，1867 年即位为日本天皇，1868 年改元为明治。在位期间，进行多种改革，促进了日本资本主义发展，在历史上称之为“明治维新”.

有个别的科学结果，而少前后人继续性的发展的原因。”① 吴先生讲的是文言对科技发展的危害。文言的危害不止于此，文言文还影响汉语走向世界，也不利于外国人学习汉语。外国人是学习我们的“之乎者也”呢，还是学习汉语的“的了吗呢”呢？一个中国外交官如果说的是“的了吗呢”，而写的又是“之乎者也”，岂不是自找麻烦。即使孔夫子生活在19世纪，也不会赞成用先秦两汉的书面语言来作文的。孔子说：“生乎今之世，反古之道，如此者，灾及其身者也。”② “五四”提倡白话文学的人，斥“选学”为“妖孽”，贬“桐城”为“谬种”，那是时代的要求。③ 不如此，不足以动摇文言文的正统地位。

三、应试文体（八股文）老化

中国历史上的语文腐败大概以八股文为最，其弊与妇女裹小脚相当。妇女裹足，实际上是将妇女视为玩物，摧残其身心，置“半边天”于无用之地，受害的不止是妇女，社会国家有一半人为残废，其损失如何计算！八股文也是摧残人性的东西，明清的有识之士多所揭发，连当时的外国人都深知其害。自封为“美国进士”的传教士林乐知就说：“中国士人……终年伏案功深，寻章摘句以为束身于名教中也，而实为八股文章束缚其身耳。”又

① 《吴大猷文录》．130、131页，浙江文艺出版社，1999.

② 《礼记·中庸》．见《十三经注疏》下册，1634页，中华书局，1980.

③ 钱玄同于1917年2月1日《新青年》第二卷第6号发表《赞文艺改良附论中国文学之分期》中有“惟选学妖孽，桐城谬种，见此又不知若何咒骂”。此文现收入《钱玄同文集》，第一卷，1页，中国人民大学出版社，1999。陈独秀把明代的“前七子”和“后七子”归有光以及清代“桐城三祖”（方苞、刘大魁、姚鼐）统称为“十八妖魔”。见《胡适口述自传》，152页，华东师范大学出版社，1995.

说："中国开科取士，立意甚良，而惟以文章试帖为专长，其策论则空衍了事也。无殊拘士之手足，而不能运动；锢士之心思，而不能灵活；蔽士之耳目，而无所闻见矣。"[①] 举国上下的士人，其手足、心思、耳目均受害于八股文，这跟焚书坑儒有什么区别！八股文美其名曰"代圣贤立言"，实际上就是奴隶语言。数百年间，中国的士人，有几人能做语言的主人？多语言奴隶也。封建王朝造就了一批又一批、一代又一代的语言奴隶，奴隶们又使汉语奴役化。结果是语言和使用语言的人，一齐奴役化。

太平天国究竟应如何评价，在此不表。他们对当时的语文状况甚为不满，很想在语文方面实现新的转向，如 1853 年的《天王诏旨》说："《诗韵》一部，遵朕所改，将其中一切鬼话怪话妖话邪话一概删除净尽，只留真话正话。"[②] 被他们斥为"鬼""怪""妖""邪"的究竟是些什么"话"，不得而知。但他们敢于向经典挑战，不迷信经典语言，不想再做语言奴隶，这种精神值得我们肯定。又如洪仁玕等于 1861 年发表《戒浮文巧言谕》，乃是一篇批判奴隶语言的不朽檄文。他们主张："且具本章，不得用龙德、龙颜及百灵承运、社稷、宗庙等妖魔字样。至祝寿浮词如鹤算、龟年、岳降、嵩生及三生有幸字样，尤属不伦，且涉妄诞。"他们要求叙事文章，"一一叙明，语语确凿，不得一词妖艳，毋庸半字虚浮，但有虔恭之意，不须古典之言。……总须切实明透，使人一目了

① ［美］林乐知（Young John Allen）.《中西关系略论》. 原发表于光绪元年（1875）九月十八日的《万国公报》，现收入《万国公报文选》，180 页，三联书店，1998.

② 洪秀全《诏旨》，见《太平天国》，第 3 册，190 页，上海出版社，1957.《诏旨》中所谓的《诗韵》即《诗经》。洪秀全始以《四书》《五经》为妖书，后经删改乃准阅读。《诗经》改名为《诗韵》.

然。”“故不得不亟于弃伪从真，去浮存实，使人人共知虚文之不足尚，而真理自在人心也。”[①] 可惜，太平天国由于自身的腐败，很快就丧失了业已取得的胜利果实，他们也无缘实现新的语文转向，八股文的寿命又延长了几十年，到20世纪初年才和科举制度一起呜呼哀哉。[②]

四、缺少语言规范

一个现代社会，应当有经过政府规范的民族共同语，这是一个民族走向国际社会的必要条件。汉语在周代就已经有了“雅言”，汉代也称之为“通语”，明清时代又有“官话”“正音”，这些称谓大体上相当于现在的“普通话”。不同的是所谓“雅言”“正音”都是自然形成的。不像“普通话”，有明确的方言基础，有严格的语音规范，有详明的能用字母标记的语音分析。普通话是具有法定地位的个人无权随意解释随意变更的权威性语言，是本国人和外国人学习汉语的标准语言。19世纪的汉语还处在无规范的落后状态中，从无规范走向有规范，这就是现代化进程中语言转向的重要内容之一。

中国是世界上人口数量居第一位的大国，各地方言土语极为复杂。北方人与吴语、闽语、粤语区的人几乎无法交谈。这是农业社会的特点。社会要开放，要搞活，方言土语就是一大障碍。现在散落在世界各地的华侨，有许多人就是以自己的方言进入世界的。各

① 洪仁玕，蒙时雍，李春发．《戒浮文巧言谕》．见《太平天国文选》，又见郭绍虞、罗根泽主编《中国近代文论选》（上），18页，人民文学出版社，1959.

② 光绪二十四年戊戌五月初五日（1898年6月23日）谕：“自下科为始，乡、会试及生童岁、科各试，向用《四书》文者，一律改试策论。”光绪三十二年丙午（1906）清廷规定：“所有乡、会试一律停止，各省岁、科考试，亦即停止。”

方言区之间的人不能操普通话往来，甚至只能以英语作为媒介。清代某些有进士举人文化程度的闽广官员不能与大清皇帝对话，皇帝不知道他们说的是什么。据王照说，梁启超就因为“不会讲官话，口音差池，如读孝字为好，读高为古，于是君臣间相对，无法传达意思，光绪很失望，仅赐梁六品顶戴”。[①] 语言统一，推广普通话，这也是中国走向世界与国际社会融为一体的必要条件。语言不畅通，势必造成诸多不便。社会分裂混乱，语言必然分裂混乱；语言落后无序，正反映社会落后无序。

五、语言观老化

西方自文艺复兴、启蒙运动以来，对语言与社会、民族、国家的关系有许多论述，语言的崇高地位得到充分肯定。而中国长期以来只重视个人言语，不重视民族语言，根本缺少统一的民族语言观传统，也缺乏语言开放意识。

语言是全民共有的财富，是无阶级性的，而中国士人的言语观，在19世纪以前甚至在20世纪初叶，都有强烈的意识形态倾向，有强烈的保守倾向、等级倾向。

从周朝以来，历朝历代的士大夫都把言语视为荣辱之枢机。有利于统治者的话招来荣（也不尽然），不利于统治者的话招来辱。或者说统治者爱听的话招来荣，统治者不爱听的话招来辱。刘向《说苑·敬慎》第25则记载了这样一个故事：

① 《梁启超传》，164页，百花文艺出版社，2004.

孔子之周，观于太庙。右陛之前，有金人焉，三缄其口，而铭其背曰：“古之慎言人也。戒之哉！戒之哉！无多言，多言多败。”[①]

祸从口出，故中国的士大夫，在言语问题上，总是“战战兢兢，如临深渊，如履薄冰”。孔夫子以为“行身如此，岂以口遇祸哉！”非也，事有大谬不然者。多少“行身如此”的人最终还是掉进了“深渊”，清代的文字狱并不是太遥远的事情，因株连而进入“深渊”的人可不在少数。

嵇康的脾气，鲁迅认为“始终都是极坏的”。[②] 可我们读他的《家诫》，在言语问题上是多么谨小慎微。在理论上他也认为：“夫言语，君子之机，机动物应，则是非之形著矣，故不可不慎。”在言语行为上他告诫儿子：不了解情况不要说，不要议论他人的过失，非义不言，别人争吵时不要插嘴，喝酒时如见人争论，应远离而去，实在离不开就“取醉为佳”，有些事情应知而不言，见人窃语私议应当主动离开。[③] 这些戒条自然是从现实生活中总结出来的。按我们今天的话来说：累不累呀！这里，我们并不是要从社会层面和政治层面来评论钳制言论的危害，而是从言语和语言层面来看钳制言论的危害。语言的发展、创新要靠此语言的使用者来实现。如果语言的主人“三缄其口”，有那么多禁忌，就等于给这种语言本身带上了脚镣手铐，给语言本身加上

---

① 刘向.《说苑·敬慎》. 见赵善诒《说苑疏证》，293页，华东师范大学出版社，1985.

② 鲁迅.《魏晋风度及文章与药及酒之关系》. 见《鲁迅全集》(3)，389页，人民文学出版社，1956.

③ 《嵇中散集》. 卷第十，上海涵芬楼.

五花大绑，这样的语言还能生机勃勃，给人以新鲜思想、新鲜智慧吗？先秦时代的汉语是活泼的，孔墨老庄孟荀韩都能自铸新词，各人说自己的话，很少套话、空话、废话，极富活力，极有表现力。无论是词汇、句法，都能在共性的前提下保持个性。明清时代的书面语，除了白话文不算，基本上缺少个人风格，也缺少时代性的特点。汉语文学语言基本上处于停滞状态，且只有少数士大夫能掌握它、运用它。士大夫就在这种语境中消磨自己的一生，不能说自己的话，也没有自己的话可说。卖浆引车者流的话又不能登大雅之堂。这种语文危机，只有彻底转向才是唯一的出路。

现代社会还有一个重要标志是文化普及。文字是除语言之外的另一表达工具，本应人人通文识字，可以自由阅读，自由写作。一个充斥文盲的国家是不可能走向现代化的。19 世纪至 20 世纪上半期，汉字还是掌握在少数人手里，士大夫还是把汉字当作圣物崇拜，文字观念相当保守。郭嵩焘出使英国，还向英国人宣传“爱惜字纸之意，竟无一人肯承允者，直谓自耶稣教书外，诸字书皆可听从践踏。人心已成积习，则非善言所能入也”。①

薛福成的《出使日记续刻》光绪十八年（1892）2 月 19 日记：“中国有惜字会，大抵始于学士文人。其说以为：文字者，圣贤之精神，造化之机缄，而一切立德、立功、立言之秘要，赖之以传者也。敬之惜之，罔敢亵也，罔敢弃也。偶有不知此义而秽亵字纸者，则鬼神罚之，雷霆殛之。虽半由因果家附会之谈，

① 郭嵩焘.《伦敦与巴黎日记》. 光绪三年（1877 年）八月十四日。见《郭嵩焘等使西记六种》，115 页，三联书店，1998.

然亦有威灵显著，为众人之耳目所共闻见者矣。”

他和郭嵩焘一样，见泰西之俗“从无以秽亵字纸而受罚于上帝之说”，甚至“男女如厕，无不携新闻纸为拭粪之具”，对此大惑不解。而他坚信：“中西风气，必有大同之一日。则惜字一会，亦必由东而西，其在数百年之后乎?”[①] 郭、薛都是当时思想界的先驱，他们的文字崇拜心理还是如此坚定，薛福成甚至妄想“数百年之后”西方也会受东方感化从而“惜字”成风。可证他们的文字观仍带有神秘的色彩。

六、汉字老化

在中西两种文字接触中，汉字的缺点曾被夸大到令汉字无地自容的地步。但即使去掉夸张成分，汉字能不能走向世界，如何走向世界，如何取得世界通用文字的资格，这些问题也困扰了好几代人。如汉字如何与电报结合曾经就是大问题。19 世纪下半期西方世界电报业已相当发达，郭嵩焘在光绪三年（1877）11 月 12 日的日记中不无遗憾地说：“中国无字母，仍借西洋字母为用，是以其势尚难通行。”[②] 打字机的出现也使汉字备受责难，直到计算机出现，汉字又一次面临困境，至今虽已走出困境，但仍有诸多不便。这些只是从现代技术层面来看汉字走向世界的艰难。从汉字作为一个符号系统而言，它自身也曾存在不符合国际通用的缺点，不规范，不标准。字形不规范，字音无标准。异体字多，谁正谁俗？方音复杂，一字如何定音？不要说外国人学

---

① 《郭嵩焘等使西记六种》. 309、310 页，三联书店，1998.

② 同上书，138 页 .

起来困难重重，就是中国人学汉字，写汉字，曾经也是各行其是。为汉字定形定音，汉字要与拼音结合要有自己的拼音系统，这是现代社会的要求，是汉字走向世界的必要条件。西洋传教士曾为汉字制定了各种各样的拼音符号，中国人更是为此付出了巨大的精力、财力、物力。至今两岸未统一，汉字仍有繁简之别，这对国际交流甚至华人内部交流仍有不便。

如何对待汉语汉字的现代转向问题，我们不能不承认，前贤走过很多弯路，而且是很大的弯路，最为极端的主张就是废除汉语汉字。他们既看不到汉语汉字存在转向的内部机制，也看不到中国文化的积极面和光辉灿烂的过去与未来，眼前一片黑暗，以文化虚无主义号召民众，从而影响了转向的健康发展。五千年文明史证明，汉语汉字是中国文化的命根子，把“语”和“文”这两个命根子铲除，汉人还叫汉人吗？中华民族还叫中华民族吗？当然，有人会说：不叫“汉人”又有什么了不起，不叫“中华民族”又有什么了不起。如果此论得以成立，下面的话题就是：当“亡国奴”又有什么了不起，当“洋奴”又有什么了不起。这是从消极意义上来说，我们的“语”“文”不当废。从积极意义上来说，世界文化永远应该是多元的，各种文明都不只是本国人的财富，也是全世界人民的财富。占世界人口四分之一的人所使用的汉语、汉字和他们所创造的汉文化，曾经对世界文化的发展做出过重要贡献。她一时落后了，落后了好几百年，这是事实。但她不会永远落后下去的，她还会为世界文化宝库做出新的重要贡献。这是指日可待的。中国不能离开世界，世界也不能没有中国。

中国要改变落后状态，头等大事就是要改变汉语汉字的落后状态，实现语文转向。总结百余年来的经验，汉语是可以转向的。汉语具有稳固性、灵活性及丰富性这样的特点，故它的词汇、语法、语音都能在不打乱原来系统的前提下实现现代性转向。

贰、中国语文转向的五个阶段

从比较宽泛的意义来说，语文转向的历史也就是现代汉语书面语形成发展的历史。

对于现代汉语的本体现状，包括它的语音、语法、词汇，近百年来已有不少研究。而现代汉语书面语究竟起源于何时，它是如何发展起来的，几乎没有人专门加以研究。甚至“现代汉语”这个名称应如何定义，我查了《辞海》《现代汉语词典》《中国大百科全书》语言文字卷，都没有设立这个词条。倒是《王力语言学词典》为“现代汉语”立了专条：

> 现代汉语　指20世纪（“五四”运动以来）的汉语。广义上包括全国汉语各方言，狭义上专指现代普通话（如王力《汉语史稿》一书中凡简单地称说“现代汉语”，就是指现代汉语普通话）。从汉语史的角度说，现代汉语由近代汉语（13~19世纪）发展而来，其特点是适当地吸收西洋语法、大量地增加复音词等。[1]

这个条目完全是根据王先生的有关论述撰写的。从行文看，

① 《王力语言学词典》. 590页，山东教育出版社，1995.

王力对现代汉语的起点似乎有两种界定。一是指“五四”运动以来的汉语，学术界一般都是这样认为的。一是从19世纪开始，因为近代汉语的下限定在19世纪（鸦片战争）为止，从鸦片战争以后就应该是“现代汉语”了。查王力的《汉语史稿》，原来他以“自1840年鸦片战争到1919年‘五四’运动为过渡阶段”。

至于“现代汉语”这个名称，应该是1949年之后才产生的。解放初，周祖谟在北大开设的“现代汉语”课还不叫“现代汉语”，而是叫“中国现代语”。此前，相当于“现代汉语”这一名称的，是“国语”“现代国语”。“国语”一词始于20世纪初，它有广狭二义。广义相当于“汉语”，狭义相当于“现代汉语”。《汉语词典》（原名《国语辞典》）给出的第一个义项：“准国音而成之语，别于方言。”[①] 黎锦熙的释义是：“国语乃是区域最广、流传已久、通行于现代有文化的社会、而又能随时改进的普通话（旧称“官话”）。”[②] 括号中所说的“旧”，指清朝末年。光绪二十九年（1903）制定的《学堂章程·新定学务纲要》24条规定：“各学堂皆学官音。兹拟以官音统一天下之语言，故自师范以及高等小学堂，均于中国文一科内，附入官话一门。”[③] 从这些材料来看，将现代汉语的起点定在“五四”运动，为时太晚。至于语文转向更不应该从“五四”运动算起。人们之所以把现代汉语的起点定在“五四”运动，主要标志是从此时起，白话取代文言成

① 《汉语词典》（原名《国语辞典》）．371页，商务印书馆，1962年8月，北京第8次印刷．

② 黎锦熙．《新著国语文法·绪论》．14页，［注1］，商务印书馆，1998年6月，北京第二次印刷．

③ 《新定学务纲要》．见光绪三十年甲辰（1904年）《东方杂志》第四期八十四页．

为正宗。但书写体系的转向只是标准之一，何况现代白话文的崛起在晚清时代已成“山雨欲来风满楼”之势。中国语文转向的重要契机是语言接触、是跨语际对话，是大量译文的传播、是大批新词语的输入。这一切早在“五四”以前的半个世纪就开始发生了。也就是说，经过了半个世纪的渐进、转向，才迎来了“五四”时期的白话文运动。语文的演进跟社会的演进关系极为密切。加拿大传播学家麦克卢汉（Mcluhan，M.，1911—1980）在《理解媒介》中说：“我们的时代把研究对象最后转向语言，研讨语言媒介如何塑造日常生活。其结果是：社会仿佛成为语言的回声，成为语言规范的复写。语言媒介和生产资料一样塑造社会发展进程。”[①] 这是对语言媒介崭新的评价。不止是生产资料塑造社会发展，语言媒介同样可以塑造社会发展。中国语文转向的过程，也就是中国语文塑造社会的过程。新名词、新术语、新文体、新话语体系，对社会的塑造几乎成了有目共睹的事实。回望百余年中国社会的发展，这种塑造过程，也就是中国语文转向的过程，可以划分为五个阶段。

第一阶段：1862—1894　“夷语”“夷文”开始撞击中国语文的年代。

第二阶段：1894—1917　梁启超“新文体”风靡全国的年代。

第三阶段：1917—1949　“文言弥留，白话学步”[②] 的年代。

---

① ［加］马歇尔·麦克卢汉．何道宽，译．《理解媒介——论人的延伸》．83页，商务印书馆，2000.

② 董桥．《翻译与“继承外国文学遗产”商兑》．见陈子善编《董桥文录》，121页，四川文艺出版社，1996.

第四阶段：1949—1979　语文规范加强、语文内容政治化的年代。

第五阶段：1979—　　　语文地位提高、语文观念大开放的年代。

一、中国语文转向第一阶段（1862—1894）

我把第一阶段的上限定在19世纪的60年代初，是因为："现代化"这个词虽然20世纪30年代才始见于报端[①]，但中国现代化的原始阶段于19世纪60年代初就开始了。当年的洋务运动就是现代化的滥觞，也就是中国语文与"夷语""夷文"大撞击开始的年代。带有标志意义的具体事件有二：

一件是：1862年开办京师同文馆，"是为中国新学的起始"。[②]

另一件是：1865年于上海设立江南机器制造局。制造局内设有翻译馆。

中国现代化从开始的第一天起就驾驶着两轮文化车起步向前。同文馆是人文轮，制造局是科技轮。导引这两个轮子前进的是翻译。没有翻译，这两个轮子就寸步难行。而"翻译——除了能够介绍原本的内容给中国的读者之外——还有一个很重要的作用：就是帮助我们创造出新的中国的现代言语"。[③] 在一定意义

① 罗荣渠.《中国近百年现代化思潮演变的反思》. 见罗荣渠主编《从"西化"到"现代化"》，13页，北京出版社，1990.

② 蒋廷黻.《中国近代史》. 43页，岳麓书社，1999.

③ 鲁迅.《关于翻译的通信》. 见《鲁迅全集·二心集》（4），296页，人民文学出版社，1957.

上，可以这样说，中国语文转向是从中西语言撞击开始的，是从翻译“夷文”“夷语”开始的。这就决定了中国语文转向的根本特点：从那时到现在，140 多年来，中国语文始终面临着语言竞争的紧张而又尴尬的局面。总是处于弱势地位，总是以西方语言（主要是英语）作为参照，并自觉或不自觉地深受西方语言的影响。我们不得不承认，一部中国语文转向的历史或者说一部现代汉语发展的历史，从一个特定的视角来看，也就是一部中西语言竞争的历史。这部历史每一阶段的特质都是由不同的语言竞争形势决定的。汉语在竞争中没有被击败，且已有由弱变强之势，它的地位不是江河日下，而是步步升高。强势与弱势的界定，不是语言本身有什么优劣之分。“强”“弱”是由文化、经济、科技等因素决定的。改变弱势的唯一自救之法，就是学习强者的语言。中国的现代化就是从学习西方语言开始的，这不是自愿的，是逼出来的。当年洋务运动的新派人物如冯桂芬（1809—1871）、郭嵩焘（1818—1891）、容闳（1828—1912）、王韬（1828—1897）、曾纪泽（1839—1890）等人都认识到学习“夷语”“夷文”的重要性，他们都有与洋人交往的经验，能够放眼向洋看世界。

“北京同文馆成立，其议端于郭嵩焘”。[①] 郭嵩焘早在咸丰九年（1859）以翰林编修入值南书房时，就有应“熟悉外国语言文字”的建言。“此论实开设立同文馆的先声。”[②] 同治元年（1862）郭赴上海就任苏松粮储道，结识避乱于此的冯桂芬，二

① 张静.《郭嵩焘思想文化研究》. 226 页，南开大学出版社，2001.

② 汪荣祖.《走向世界的挫折——郭嵩焘与道咸同光时代》. 45 页，岳麓书社，2000。还可参阅同书 150 页，也可参阅张静《郭嵩焘思想文化研究》，152 页，南开大学出版社，2001.

人合力设立上海同文馆（广方言馆）。同治二年（1863）郭任广东巡抚，第二年设立广州同文馆。北京、上海、广州三地同文馆的设立，均与郭嵩焘有不同程度的关系。

容闳与郭、冯不同，自幼受的是西方教育。1854 年毕业于耶鲁大学，为中国近代史上第一个取得美国学位的留学生。他的教育理想就是："政府宜选派颖秀青年，送之出洋留学，以为国家储蓄人材。"[①] 这个计划曾得到曾国藩的支持，1870 年得到清廷批准。从 1872 年起到 1875 年止，容闳与美方合作，先后有 120 名幼童（10~16 岁）赴美学习。容闳说："至此予之教育计划，方成为确有之事实，将于中国二千年历史中，特开新纪元矣。"[②] 1876 年，清政府派吴子登任留美学生监督，由于他的破坏，容闳的教育计划半途告废。"此百二十名之学生，遂皆于 1881 年凄然返国。"[③] 黄遵宪曾认为"光绪七年（1881）裁撤美国留学生，为中国第一不幸事"。他在《罢美国留学生感赋》中说："欲为树人计，所当师四夷。"[④] 而吴子登的破坏之所以得逞，还是证明清廷上下对"学夷语""师四夷"的重要性认识不足，思想守旧。王韬说："向时中国之能操泰西言语，能识英人文字者，当轴者辄深恶而痛嫉，中国文士亦鄙之而不屑与交；而其人亦类多赤贫无赖，浅见寡识，于泰西之政事得失，制度沿革，毫不关心。即有一二从其游者，类皆役于饥寒，仰其鼻息，鲜有远虑，足备顾

---

① 容闳.《西学东渐记》.148 页，中州古籍出版社，1984.

② 同上书，153 页.

③ 同上书，165 页.

④ 梁启超.《饮冰室诗话》.25 页，人民文学出版社，1963 年 3 月，北京第 2 次印刷。又：《人境庐诗草笺注》.304 页，上海古籍出版社，1981.

问。盖上既轻之，则下亦不知自奋也。”[1] 早期翻译人员素质低，出身寒微，冯桂芬对此也有记述。他说：“今之习于夷者曰通事，其人率皆市井佻达游闲，不齿乡里，无所得衣食者始为之。其质鲁，其识浅，其心术又鄙，声色货利之外不知其他。且其能不过略通夷语，间识夷字，仅知货目数名与俚浅文理而已，安望其留心学问乎？惟彼亦不足于若辈，特设义学，招贫苦童稚，兼习中外文字。不知村童沽竖，颖悟者绝少，而又渐染于夷场习气，故所得仍与若辈等。”[2] 在同文馆之前，中国人学习英语经过了一个无组织的自发阶段。既然有头有脸的士大夫及其子弟不屑于学夷语、夷文，就给市井无赖留下了有利可图的空间。洋泾浜英语、广州英语（“所谓广州英语就是葡语、中文和美语的混合。”见《卫三畏生平及书信》，26 页，顾钧等译）也就应运而生。即使有了同文馆，士大夫子弟还是愿意由科举出身。举人、进士这些头衔实在太诱人了。1904 年，清政府制定了《中国留学生考试章程》，对归国留学生每年举行一次考试，按成绩分别授予进士出身（最优等）、举人出身（优等、中等）。严复（1853—1921）于 1877 年赴英国留学，郭嵩焘 1878 年伦敦日记中称赞其“谈最畅”“议论纵横”“深切著明”。1890 年严已升任北洋水师学堂总监，可是到了宣统元年（1909），时年 56 岁的他，还被授予“文科进士出身”。同年，1881 年毕业于耶鲁的詹天佑（1861—1919）被授予“工科进士第一名”。正如鲁迅所言：“社会上大抵以为……

① 王韬.《弢园文录外编》. 25 页，上海书店出版社，2002.

② 冯桂芬.《校邠庐抗议》. 210 页，中州古籍出版社，1998.

留学生只会讲鬼子话，所以算不上‘士’人的。”① 现在赴美留学，几乎成了青年学子梦寐以求的最高理想，而容闳为了凑够首批留美幼童之数，费了多大的劲呢？“高门掇科第，若摘颔下髭。黄背好八股，肯令手停披？茫茫西半球，极远天无涯（《笺注》作“远隔天之涯”）；千金不垂堂，谁敢狎蛟螭！惟有小家子，重利轻别离。”②

只有曾国藩的长子曾纪泽，年过三十，还能刻苦自学英语，“在湘苦无师友，取英人字典钻研逾年”。“久之，亦稍稍能解英国语言文字。”1878 年（光绪四年）接替郭嵩焘出任驻英法使臣，他已能用英语会话、阅读、写作。这给他的外交工作带来极大好处。他批评那些不重视外语学习的人，说：“考求各国语言文字，诚亦吾儒之所宜从事，不得以其异而诿之，不得以其难而诿之也。”③

谈到洋务运动时期的语文转向，不能不提到西方来华的传教士和外交官。他们为双语交流做了四件事情。

首先是精研汉语

冯桂芬《校邠庐抗议·采西学议》说：“且也通市二十年来（盈按：指 1841—1861 年），彼酋之习我语言文字者甚多，其尤者能读我经史，于我朝章、吏治、舆地、民情类能言之。而我都护以下之于彼国，则懵然无所知。相形之下，能无愧乎！”④ 王韬

① 鲁迅.《关于翻译的通信》. 见《鲁迅全集·二心集》（4），307 页，人民文学出版社，1957.

② 黄遵宪.《罢美国留学生感赋》. 转引自梁启超《饮冰室诗话》，25 页，人民文学出版社，1963 年 3 月。又：《人境庐诗草笺注》. 304 页，上海古籍出版社，1981.

③ 钟叔河.《走向世界·外交人才曾纪泽》. 279、297 页，中华书局，2000.

④ 冯桂芬.《校邠庐抗议》. 211 页，中州古籍出版社，1998.

也说："中外语言文字，迥然各别。彼处则设有翻译官员，及教中之神父牧师，效华言，识汉字，留心于我国之政治，于我之俗尚风土山川形势物产民情，悉皆勒之成书，以教其国中之民。"[①] 冯、王的述说都符合实情。传教士不仅努力学习汉语，还有意对"中国全境的语言分布区和语言发展状况"进行调查，还写了不少研究汉语的专书。如自封为"英国进士"的艾约瑟（Edkins，Joseph，1823—1905）神父，著有《汉语口语（官话）语法》，自封为"美国进士"的林乐知（Allen，Y. John，1836—1907）神父，熟读中国经典，能用文言写作。外交官可以英国的威妥玛（Wade，Sir Thomas，1818—1895）为例。此人于鸦片战争时期来华，历经道光、咸丰、同治、光绪四朝，1867 年出版《语言自迩集》[②]。张卫东教授在《译序》中是这样评价这部书的：

> （1）这是汉语教学史上第一部教学北京话口语的汉语课本。
>
> （2）它的编写，体现了编者对 19 世纪中叶北京话高屋建瓴、细致入微的准确把握，是一部高水平的汉语教材，在世界汉语教学史上曾发生过广泛影响，至今仍有借鉴意义。
>
> （3）这是用威妥玛式拼音记录北京话的大部头资料集（16 开本，1100 余页），堪称百多年前北京话口语的精彩实录，……第一部以当时北京话口语为对象的描写

---

① 王韬.《弢园文录外编·洋务上》. 25 页，上海书店出版社，2002.

② 威妥玛. 张卫东，译.《语言自迩集》. 北京大学出版社，2002.

语言学巨著。书中对北京话语音、词汇和语法方面所做的记录与分析，精确可信，丰富多彩，学术价值甚高。

从语文转向的观点来看，西方人学习研究汉语，有两层意义：一是有利于中西语文对比，二是有利于汉语研究向现代科学发展。

第二件事情就是翻译

这是当年“西学”的重要内容。而在其中起主导作用的是西方来华的传教士，当然，离不开他们的中国助手。英国传教士傅兰雅（Fryer，John，1839—1928）1868 年应聘为江南机器制造局翻译馆译员，长达 28 年之久，译书百余种。林乐知也兼任过翻译馆译员，译书 10 种。翻译的作用当然首先是将“西学”大量介绍到中国来，与此同时也为汉语增添了许多新词语。刘禾的《跨语际实践》中的“附录 A”：“源自传教士汉语文本的新词及其流传途径”，列出了一大批新词，如“民主”“特权”“杂志”“万国”“日报”等。[①] 刘禾指出：“这些新术语的发明，得力于新教传教士及其中国助手在 19 世纪初叶和中叶，同心协力翻译西方的世俗文本时的工作。日本人在他们的‘汉字’翻译中采用了这些词语中的一部分，并且开始以类似的方式，用中国文字创造他们自己的新词汇。使这一图景进一步复杂化的是，汉语对欧洲的术语的早期翻译的很大一部分在中国本土只有相对有限的影响；相形之下，日语的借用倒时常有助于这些词语在中华故土的

① 刘禾．宋伟杰，等，译．《跨语际实践——文学，民族文化与被译介的现代性》．374 页，三联书店，2002.

广泛影响。”① 这是特定历史背景下的怪现象，经过“出口转内销”这样的回流过程，这些词语才在本土扎下根。刘禾的研究还告诉我们：洋务运动时期的传教士及其中国合作者不仅对汉语转向起了很大的作用，就是对日语也产生了深刻的影响，真是功不可没。

第三件事就是受聘为洋教习

此事以丁韪良（Martin，William A. P.，1827—1916）最为突出。1865年任同文馆教习，后任总教习，长达25年之久。1898年至1902年受聘为京师大学堂总教习。傅兰雅也担任过同文馆的英文教习。林乐知于1864年经冯桂芬推荐担任上海同文馆（即后来的广方言馆）的英文教习。1881年，他在上海创办中西书院，担任监院。20世纪初这所书院迁往苏州，并入东吴大学。

第四件事就是主办中文报刊

中国境内最早的中文期刊《东西洋考每月统记传》就是由德国籍传教士郭士力（Karl Friedrich August Gutzaff，又译为郭实腊，郭实猎，居茨拉夫，古特拉富，1803—1851）于道光十三年（1833）在广州创办的。此刊经黄时鉴先生整理，于1997年由中华书局出版。影响最大的当属林乐知主办的《万国公报》。该报原名《中国教会新报》，创刊于1868年，1872年改为《教会新报》，1874年改用此名。报刊在传播新思想、新术语，批判中国旧的思想体系，促进中国社会转型等方面都发挥了很大的作用，康有为、梁启超等人就从中获得不少西学知识、思想资源。

传教士、洋务派是中国语文转向第一阶段的主力军。从建立

---

① 刘禾．宋伟杰，等，译．《跨语际实践——文学，民族文化与被译介的现代性》．47页，三联书店，2002.

同文馆到派遣留学生，从设立译学馆到创办报刊，这些活动对中国语文转向究竟有什么意义呢？

我以为最重要的是从此时起，中国士大夫的语文观念发生了数千年来未有的大变化。汉语唯一至上、汉字唯一至上的观念打破了。时文、八股，乃至文言文的地位，开始受到挑战。那时的译文和传教士的文章，虽然还是一派文言腔，但他们的认知图式，话语编码机制，尤其是词汇领域，已显然有别于中国传统的文言文。文言文内容的“西化”，新语境的产生，必然会促进汉语深层结构的现代转型。拼音文字大量引入后，人们再反观汉字，两两相较，不可能不“见异思迁”。汉语汉字挨骂的日子就要降临了。此风当然也来自西土人士。1882 年（光绪八年八月十九日）《万国公报》刊出了沈毓桂笔译的《西士论中国语言文字》，该文根据“梵言与华言互勘”的结果，竟然说“中国人之语言犹近于古初孩童语言之式也”。这是以有无形态变化作为语言发展的分期标准。“梵言变换多端，故知其语言去古已远也。”①百余年间，汉语汉字落后论，曾经在东西方似乎已成定论，直到近年才加以纠正。

二、中国语文转向第二阶段（1894—1917）

这一阶段为清末民初。我们把上限定在 1894 年（光绪二十年，甲午），是因为甲午海战，中国惨败于日本，宣告 30 年洋务运动彻底失败。中国的现代化开始由物质技术变革发展为社会制度政治思想的变革。语文转向开始进入自觉阶段。言文合一的主

① 钱钟书主编，朱维铮执行主编.《万国公报文选》. 512 页，三联书店，1988.

张，白话报的创办，各种拼音方案的提出，普通话（官话）的推广，八股文的废除，旧文体的没落，都出现在这一时期。还有，“以为上策必径弃中国之语言文字，改习万国新语。其次则改用现在欧洲科学精进国之文字”。[①] 也是这一时期提出来的。

按梁启超1902年的说法，这是“欧学时代”。中国语文的转向，以欧化为目标，几乎是大势所趋，不可阻挡。直到“五四”白话文运动，欧化仍然是最高目标。谈到语文欧化，我们只想到“五四”时期的白话文学家，这是违背事实的。中国现代新文体的创立，从内容到形式都深受欧学影响的，首推梁启超。

梁启超的“新文体”，承前启后，是中国语文转向成绩最为显著的一种文体。梁氏在文体解放方面的功劳，与历史上的唐宋古文运动相比，其功在韩愈、欧阳修之上；与“五四”的白话文运动相比，其功可与陈独秀、胡适、鲁迅媲美。钱玄同说：“梁任公实为创造新文学之一人。……鄙意论现代文学之革新，必数梁君。”[②] 陈子展说：“他是近代文言散文——‘新文体’的开山祖师。”[③] 吴其昌说：“若论文体的改革，梁氏的功绩，实在是他最大的所在。”“经梁氏等十六年来（约1896—1910）的洗涤与扫荡，新文体（或名报章体）的体制风格，乃完全确立”。[④] 所谓“新文体”的特色是什么呢？请听梁启超的自述：“启超夙不喜桐

---

① 吴稚晖.《书神州日报东学西渐篇后》. 原载民元前三年（1909年）《新世纪》101、102、103号，后收入《吴稚晖先生全集》“国音与文字学卷”，52页.

② 钱玄同.《反对用典及其他》. 原载1917年3月1日《新青年》第3卷第1号，收入《钱玄同文集》第1卷，10页，中国人民大学出版社，1999.

③ 陈子展.《最近三十年中国文学史》. 见《中国近代文学之变迁，最近三十年中国文学史》，205页，上海古籍出版社，2000.

④ 吴其昌.《梁启超传》. 22、23页，百花文艺出版社，2004.

城派古文；幼年为文，学晚汉魏晋，颇向矜炼；至是自解放，务为平易畅达，时杂以俚语韵语及外国语法，纵笔所至不检束；学者竞效之，号新文体。”[①] 这种文体，“条理明晰，笔锋常带情感，对于读者，别有一种魔力焉”。[②] 陈子展说：“这种新文体不避俗言俚语，使古文白话化，使文言白话的距离比较接近，这正是白话文学运动的第一步，也即是文学革命的第一步。”[③] 钱基博于20世纪30年代出版的《现代中国文学史》，设有专章论“新民体”，以为“此实文体之一大解放。学者竞喜效之，谓之‘新民体’；以创自启超所为之《新民丛报》也。迄今60岁以下40岁以上之士夫，论政持学，殆无不为之默化潜移；可以想见启超文学感化力之伟大焉”。[④] 这样说当然不是溢美之词，下面举几个实例为证。

蒋梦麟（1886—1964）在《西潮》中说：“梁启超在东京出版的《新民丛报》是份综合性的刊物，内容从短篇小说到形而上学，无所不包。其中有基本科学常识，有历史、有政治论著，有自传、有文学作品。梁氏简洁的文笔深入浅出，能使人了解任何新颖或困难的问题。当时正需要介绍西方观念到中国，梁氏深入浅出的才能尤其显得重要。梁启超的文笔简明、有力、流畅，学生读来裨益匪浅，我就是千千万万受其影响的学生之一。我认为这位伟大的学者，在介绍现代知识给年轻一代的工作上，其贡献

① 梁启超.《清代学术概论》. 142页，商务印书馆，1921年2月初版.

② 同上书，142页.

③ 陈子展.《最近三十年中国文学史》. 207页，上海古籍出版社，2000.

④ 钱基博.《现代中国文学史》. 见刘梦溪主编《中国现代学术经典·钱基博卷》，429页，河北教育出版社.

较同时代的任何人为大，他的《新民丛报》是当时每一位渴求新知识的青年的智慧源泉。"①

胡适早年也深受梁启超的影响。他说："我个人受了梁先生无穷的恩惠。现在追想起来，有两点最分明。第一是他的《新民说》，第二是他的《中国学术思想变迁之大势》。""我们在那个时代读这样的文字，没有一个人不受他的震荡感动的。他在那时代（我那时读的是他在壬寅癸卯做的文字）主张最激烈，态度最鲜明，感人的力量也最深刻。""梁先生的文章，明白晓畅之中，带着浓挚的热情，使读的人不能不跟着他走，不能不跟着他想。"② 辛亥革命后民国元年十一月十日胡适在日记中赞扬："梁任公为吾国革命第一大功臣，其功在革新吾国之思想界。十五年（1898—1912）来，吾国人士所以稍知民族思想主义及世界大事者，皆梁氏之赐，此百喙所不能诬也。去年武汉革命，所以能一举而全国响应者，民族思想政治思想入人已深，故势如破竹耳。使无梁氏之笔，虽有百十孙中山、黄克强，岂能成功如此之速耶！近人诗'文字收功日，全球革命时'，此二语唯梁氏可以当之无愧。③"（盈按：张荫麟《近代中国学术史上之梁任公先生》也说："自己未〈1895〉至乙巳十年间，肩我国思想解放之任者，实唯康梁……清室之失去国人信用，梁任公之笔墨实与有力焉。"）

---

① 蒋梦麟.《西潮·新潮》.57页，岳麓书社，2000.

② 胡适.《四十自述》.41、42页，岳麓书社，1998.

③ "近人诗"指蒋智由（字观云）的《卢骚》。梁启超的文字摧毁力，使得"严复直以为梁启超的笔端覆亡了满清，搅乱了社会"。（"任公既以笔端搅动社会至如此矣，然惜无术再始吾国社会清明"）见《严复文选》564页，又陈子展《最近三十年中国文学史》，209页.

关于任公与孙、黄革命功劳的高下问题，胡适可能言过其实，而“梁氏之笔”导致中国语文转向，导致吾国思想界之革新，实为“第一大功臣”，这是千真万确的。后来的国民政府视任公为敌人，纯属党派偏见。某些规规小儒、落伍文人，吹毛求疵，肆意诋毁梁氏的学术·文化成就，蚍蜉撼大树，不自量力也。

《毛泽东同志的初期革命活动》一书中也记叙了毛泽东受梁启超的影响。“所有当时的新书报中，他（毛）最感兴趣的是风行全国倡导民主主义和进取精神的《新民丛报》，梁启超的‘笔端常带感情’的文章，使他感到极大的兴趣。康有为和梁启超是青年毛泽东这时心目中很钦佩的人。”[①]

梁启超的新文体形成于《新民丛报》时期，《新民说》是代表作。《新民丛报》1902 年 2 月 5 日（光绪二十八年壬寅正月初一）创办于日本横滨，于 1907 年冬（光绪三十三年）停办。新文体的形成很明显得益于日本当时的欧化语境。“对他来说，日本可以设想为一个社会实验室，在那里可直接观察到西化的价值观以及固有传统与西方冲击之间的各种相互影响。并且，日本大规模吸收西学比中国早数十年，到 19 世纪末积累了大量西方译著，使梁有可能获得用中文撰写的西方词汇，这套词汇有利于他认识和宣传西方思想。……梁在许多作品中采用的文体具有糅合古文和白话文的特点。正如日本一位学者所说的，这一直是德富芦花（1868—1927）所创立的特有的文体。”[②] 关于“新文体”的产生与日本东京传媒文化的关系，日人

---

① 李锐.《毛泽东同志的初期革命活动》. 8、9 页，中国青年出版社，1957.

② （美）张灏. 崔志海，葛夫平，译.《梁启超与中国思想的过渡》(1890—1907). 101、102 页，江苏人民出版社，1997.

清水贤一郎有专文论述。[1]

语文转向，不仅是对时文八股的挑战，也是对桐城古文的挑战，更是对文必秦汉诗必盛唐的传统观念做总挑战。所以语文转向每前进一步，都会阻力重重。郭嵩焘、王韬等被目为“汉奸”；梁启超的“新文体”呢，“老辈则痛恨，诋为野狐”。[2] 所谓“老辈”，包括康有为、叶德辉之类的人物。康有为的语文观是保守的。他说：“比岁举国文章，背经舍史。秽语鄙词，杂沓纸上。视之则刺吾目，引之则污吾笔。盖文字之义，与声乐相通；鄙悖之声，与国风相应。大雅既坠，淫哇鄙亵，能无乱乎？若其句不成章，语不成调，是谓俚语，岂曰成文？”[3] 他的作文标准，是以“经”“史”为标准，对于“俚语”持否定态度，反对以“俚语”入文，当然也就反对语文“宜于一致”。他认为“去雅言而从于俚语”“是谓退化”。“新文体”的另一特色是引进“外国语法”，康有为也极力贬斥。他说：

推其所原，皆自东文来也。盖日本文法长累过甚，彼以旧俗，既牵汉文，又加英文法，不得不然。我国数千年之文章，单字成文，比音成乐，杂色成章，万国罕比其美，岂可自舍之？且以读东书学东文之故，乃并其不雅之名词而皆师学之，于是“手段”“手续”“取消”

---

① ［日］清水贤一郎.《传播空间的开创——梁启超“新文体”的诞生与明治东京的传媒文化》.《中华文史论丛》2001 年第 2 期，上海古籍出版社，2001.

② 梁启超.《清代学术概论》.142 页，商务印书馆（上海），1921 年 2 月初版.

③ 康有为.《中国颠危误在于全法欧美而尽弃国粹说》.转引自陈子展《最近三十年中国文学史》，206、207 页，上海古籍出版社，2000.

“取缔”“打消”“打击”之名，在日人以为俗谚者，在吾国则为雅文，至“命令”皆用之矣。其他如“崇拜”“社会”“价值”“绝对”“唯一”“要素”“经济”“人格”“谈判”“运动”“双方”之字，连章满目，皆与吾中国训诂不相通晓。……若以难中国之旧人乎？亦以夸异文之新博乎？接前之文史则不相通，垂后之文史则不为尔雅。今之时流，岂不知日本文学皆出自中国？乃俯而师日本之俚词，何无耻也！始于清之末世，滥于共和之初，十年以来，真吾国文学之大厄也！①

康有为所列举的这些从日本引进的双音词，早已成为现代汉语的基本词汇。正是大量新词的引入，适应了社会发展的要求，加速了古汉语向现代汉语的转化过程。康有为摆出一副老大中华的架子，以“俯而师日本之俚词”为耻，殊不知日本这个徒弟早已超过了往日的中国老师，后来居上。中国此前此后一再受欺于日本，几至亡国灭种，就因为当时的士大夫头脑极不清醒，不愿对传统文化进行大刀阔斧的变革，抱着孔子的亡灵不放，误国误民，莫此为甚。

叶德辉在政治上是反康有为的，而他们的语文观却基本一致。他也高谈“夷夏之防”，以“孔教”为“人心之所系”，反对语文转向。他在《答友人书》中也讽刺挖苦引进新名词。

独怪今之谈时务者，若祖若父本中土之臣民，若子

① 转引自陈子展《最近三十年中国文学史》，207页，上海古籍出版社，2000.

> 若孙皆神明之嫡脉，而亦幸灾乐祸，人云亦云，问之此心，天良胡在？更可笑者，笔舌掉罄，自称“支那”；初哉首基，必曰“起点”。不思“支那”乃释氏之称唐土，“起点”乃舌人之解算文。论其语则翻译而成词，按其文则拼音而得字，非文非质，不中不西，东施效颦，得毋为邻女窃笑耶？[①]

叶德辉也是自作聪明。“起点”由数学术语引申为普通名词，乃词义演变正常规律。“起点”已成为现代汉语基本词汇。至于他说的“谈时务者”“幸灾乐祸”云云，乃是他站在清室顽固派的立场上，反对变法维新。当时湖南的保守派还搞了一个《湘省学约》，其中“辨文体”一条就列举了《湘报》中“热力”“涨力”“压力”“起点”“脑筋”“灵魂”“以太”“黄种”“白种”等字眼，为“幽渺怪僻之言，阅不终篇，令人气逆”，要“共惩此弊”。[②]

维新派如黄遵宪、梁启超、裘廷梁等人对待语文转向问题，态度很明确，理论上很自觉。黄遵宪年轻时就主张言文合一。“少小诵诗书，开卷动龃龉。古文与今言，旷若设疆圉。”[③] 对这种言文相“龃龉”的情况他力主变革。“盖语言与文字离，则通文者少；语言与文字合，则通文者多，其势然也。”[④] 言文脱离，教育无法普及，国家怎能富强？在诗歌创作上，黄遵宪提

---

① 《叶吏部答友人书》. 收入苏舆编《翼教丛编》，175、176 页，上海书店出版社，2002.

② 《翼教丛编》. 152、153 页，上海书店出版社，2002.

③ 黄遵宪.《杂感》. 作于同治三年（1864），时年 16 岁。见《人境庐诗草笺注》40 页，上海古籍出版社，1981.

④ 黄遵宪.《日本国志 · 学术志二 · 文学》. 810 页，天津人民出版社，2005.

出“我手写吾口”的主张，勇于采用“流俗语”入诗。“且引用新名词，在晚清诗格中良为变体……要之一时代中固有一时代作者，能开风气，舍君其谁?”[1] 梁启超在《新民说·论进步》中也讨论“言文分”的害处，“言文合”的好处。

裘廷梁对白话文与维新变革的关系也进行过专题研究，他的《论白话为维新之本》就是近代语文转向的一篇重要论文。从裘氏的议论中可以看出，无论是文学变革还是社会变革，在当时的历史条件下，都必须解决语文转向问题。

应当特别指出：在语文转向问题上，维新派的功劳大于革命党人。张荫麟在《近代中国学术史上之梁任公先生》一文中指出：“戊戌政变，在政治上为彻底失败之运动，而在‘社会思想’上，实为一扫霾拨雾之飏风。其影响之显而见者，在此时前后，国民日用语中，不知增加几许新名词、新口号，若变法也，改制也，民权也，平等也，自由也，议会也，立宪也，废科举也，兴学校也，重女权也，戒缠足也，不可殚列，举国观听为之一新。”[2] 开“五四”白话文运动先河的也是维新派而不是革命党人。只因辛亥革命成功维新派彻底失败，他们的“功劳”只能散见于回忆文字中，至今缺乏系统研究。当时革命党人中的大笔杆子如章太炎不提倡白话文，[3] 他的学生黄侃也不赞成白话文，一度积极革命的刘师培也以提倡古文为己任。在文字改革问题上，维新派如谭嗣同、王照等人都有议论或具体方案。据梁启超在

---

① 王揖唐.《今传是楼诗话》. 277 页，辽宁教育出版社，2003.

② 张荫麟.《素痴集》. 188 页，百花文艺出版社，2005.

③ 章太炎也写过白话文。1921 年上海泰东图书局出版《章太炎的白话文》，曾在学界引起争议。可参阅辽宁教育出版社 2003 年出版的《章太炎的白话文》中的“本书说明”.

《沈氏音书序》中说，康有为也设计过文字改革方案。“吾师南海康长素先生以小儿初学语之声为天下所同，取其十六音以为母，自发凡例，属其女公子编纂之，启超未获闻也。”康有为也有全世界书同文的主张，在《大同书》中说：“全地球语言文字皆当同，不得有异言异文。”① 在维新变革思想的影响下，形成了一个汉字拼音化的运动，这无疑是中西语言接触的结果。极端主义者甚至要求废除汉字汉语，改习万国新语（即世界语）。这类主张事实上是根本行不通的。而且在清末提出这样的主张，无异于为亡国亡种造舆论。更何况所谓“万国新语”，乃是一种人造语言，它是以欧洲诸语言为基础设计的，与汉语格格不入。对此，章太炎的《驳中国用万国新语说》有详细论述。

这一时期还有一个重大转向就是地方性的白话报、白话教学用书应运而生。白话文虽尚未成为全国性气候，但实开“五四”白话文先河。“普通话”②“国语”③“拼音”这些具有特定意义的新词及速记符号也于这时产生。

政府行为是语文转向不可或缺的重要关口。清末废除八股时文，学部通过《统一国语办法案》（1911），民初通过《采用注音字母案》（1912），公布《读音统一会章程》（1912），教育部设立“国音字母传习所”（1913）。所有这些举措对语文转向都有积极意义，语文转向就是这样艰难地一步一步地向前推进的。没有这些举措，“五四”白话文运动是不可能产生的。只要八股时文当道，国语没有统一的标

① 《大同书》. 71 页，时代文艺出版社，2009.

② 朱文熊（1882—1901），1906 年在日本出版《江苏新字母》，书中提出了“普通话”这个名称。此前日本已有“普通语”这个名称.

③ 王照《官话合声字母》“凡例”中提出了“国语”这个名称.

准，现代汉语的官方地位的确立，几乎是不可能的。

如果说，语文转向的第一阶段只不过是少数人在封闭的古典黑屋中开了一扇小小的窗户，以窥视另一个语文世界，那么第二阶段的语文转向就已经成为思想转向、社会转向的最为重要的物质力量，成为塑造思想、塑造社会的重要媒介，成为哺育一代新人成长的精神资源。

三、中国语文转向第三阶段（1917—1949）

在现代汉语书面语发展的历史上，1917 年是永远值得纪念的一年，这是中国语文转向最为关键的一年。1917 年 1 月 1 日，陈独秀主编的《新青年》二卷五号发表了胡适的《文学改良刍议》，郑重地提出了以白话代替文言的主张。有人说："这才是公开向国内提倡白话文学的第一炮。"有人说："这是我们中国从有文字以来几千年中间关于文字的第一件大事情。"①

还有人说："适之先生在中国文化史上的贡献和地位，不是因为他是个什么'实验主义者'。适之先生真正不朽的贡献，事实上便是本篇所叙述的，他对白话诗文的倡导和试作。"②

这些评说大体上都是正确的。

如果说，中国语文转向第二阶段的杰出代表人物是梁启超，那么，这第三阶段的杰出代表人物无疑就是胡适之了。他们有些特点是共同的。如：

---

① 胡不归.《胡适之传》；毛子水.《胡适传》. 见《胡适传记三种》，19、127 页，安徽教育出版社，2002.

② 唐德刚译注《胡适口述自传》第七章注释［1］，153 页，华东师范大学出版社，1995.

梁启超写《新民说》时，只有29岁；胡适写《文学改良刍议》时，只有26岁。均还不到“而立”之年，就能开一代风气。

梁启超写《新民说》时，避难日本已有五年，系统地接受了西方思想的影响。胡适写《文学改良刍议》时，在美国留学已有七年。日本是东方现代化的典范，美国是世界现代化的典范，二人身居其域，对世界潮流感受深，对中国旧语文的腐朽认识透。有这样的国际语境为背景，有跨语境的比较知识，是二人思想得以超出国人的客观有利条件。如果他们不出国门，只读中国书，整年跟古文打交道，恐怕就难有这么先进的见解和清醒的头脑了。梁、胡都是开风气的启蒙大师，以输入学理为己任，而且都雄心勃勃，有舍我其谁的英雄气概。梁启超要用自己那支笔“开拓千古，推倒一时”[①]，塑造新的中国国民，新的国民精神。胡适1916年4月13日写的一首《沁园春　誓诗》说：“文学革命何疑！且准备搴旗作健儿。要前空千古，下开百世，收他臭腐，还我神奇。为大中华，造新文学，此业吾曹欲让谁？”[②]

白话文早已有人提倡，为什么到了胡适登高一呼，才能造成一伟大的运动、终于取代文言而成为正宗？这完全是适应了时代的需要。在此之前，中国的现代化已有50多年的历史，无数仁人志士已为白话文的登台做了长长的铺垫。加以帝制已推翻，科举已废除，“桐城”已成为“谬种”，“选学”已成为“妖孽”，西学已如日丽中天。所谓“时势造英雄”，此其时也。

胡适的《刍议》能够在国内最具思想权威的《新青年》刊

① 《新民说·论自由》. 107页，中州古籍出版社，1998.
② 胡适.《四十自述》. 83页，岳麓书社，1998.

出、暴得大名，其功还在当时能造成潮流并指导这一潮流前进的陈独秀，还有善于推波助澜的钱玄同，更有在白话文实践中取得卓异成就的鲁迅、周作人、刘半农等，北大学生傅斯年等也擂鼓助战，新潮涌动，渐成浩浩荡荡之势。

众所周知，白话文运动开始不久，就遭到两种人的公开反对。一是老辈，一是同辈。如果说“老辈”是老保守主义者，那么“同辈”就是新保守主义者。老辈如林琴南（1852—1924）、严复（1853—1921）等人，他们或公开挑起辩论，或采取不屑一顾的态度。林琴南发表《论古文之不当废》《论古文白话之相消长》《答大学堂校长蔡鹤卿太史书》等。严复批评以白话代文言，乃是“遗弃周鼎，宝此康匏，正无如退化何耳！须知此事全属天演，革命时代，学说万千，然而施之人间，优者自存，劣者自败，虽千陈独秀，万胡适、钱玄同，岂能劫持其柄？则亦如春鸟秋虫，听其自鸣自止可耳。林琴南辈与之较论，亦可笑也”。[1]

严、林的翻译，虽影响甚大，可在当时的青年中已不复受重视。傅斯年挖苦林琴南，说是林“怕白话文风行了，他那古文的小说卖不动了，因而发生饭碗问题”。对“严几道翻译西洋书用子书的笔法，策论的笔法，八股的笔法”，[2] 傅斯年说这是“替外国学者穿中国学究衣服，真可说是把我之短补人之长。然而一般的人，总说这是译书做文的正宗，见人稍用点西洋句调，便惊讶

---

① 《严几道书札》，六十四，见《学衡》20期，转引自陈子展《最近三十年中国文学史》，291页，上海古籍出版社，2000.

② 傅斯年.《白话文学与心理的改革》.《新潮》一卷五号，民国八年五月一日（1919年5月29日）.

以为奇谈”。[1] 严复的译文受到古文家吴汝纶的大力赞扬，说是其文与“晚周诸子相上下”，“文如几道，可与言译书矣”。（《天演论序》）而后生小子傅斯年却很不喜欢“严几道的腔调”。这就是时代不同了，风气变了，衡量文章的标准也随之而变。

老辈的反对，并不奇怪。同辈人的反对，就不好对付了。同是反对，立场观点大不一样，价值取向也大不一样。这些同辈人，有吴宓（字雨僧，陕西泾阳人，1921 年任东南大学西洋文学系教授，1894—1978）、梅光迪（字迪生，安徽宣城人，任东南大学西洋文学系主任，1890—1945）、胡先骕（字步曾，江西新建人，植物学家，1894—1968）等。他们于 1922 年 1 月在南京的东南大学创办《学衡》杂志，反对新文化运动，反对“废文言而用白话”。这三人都曾留学美国，所以茅盾称之为“说洋话的复古派”。梅光迪的《评提倡新文化者》《评今人提倡学术之方法》《论今日吾国学术界之需要》，胡先骕的《论批评家之责任》《评〈尝试集〉》《评胡适〈五十年来中国之文学〉》，都是针对陈独秀、胡适等人而发的。主要论点为：

1. 古文白话皆“有独立并存之价值”

梅光迪说：“吾国文学，汉魏六朝盛行骈体，至唐宋，则古文大昌，宋元以来，又有白话体之小说戏曲。彼等乃谓文学随时代而变迁，以为今人当兴文学革命，废文言而用白话。夫革命者，以新代旧，以此易彼之谓。若古文白话之递兴，乃文学体裁之增加，实非完全变迁，尤非革命也。诚如彼等所云，则古文之

---

① 傅斯年.《怎样做白话文》.《新潮》一卷二号，民国七年十二月廿六日（1919 年 1 月 27 日）.

后，当无骈体，白话之后，当无古文。而何以唐宋以来，文学正宗，与专门名家，皆为作古文或骈体之人。此吾国文学史上事实，岂可否认，以圆其私说者乎。盖文学体裁不同，而各有所长，不可更代混淆，而有独立并存之价值，岂可尽弃他种体裁，而独尊白话乎。”[1] 梅氏谈历史，不得要领。古文与白话，从两汉以来，并非“递兴”关系。古文一直处于正宗地位，白话不登大雅之堂。陈胡等人要尊白话为正宗，让文言下马，在这个意义上，说是“革命”未尝不可。“并存”论，也不是梅氏独创，1905年刘师培曾有此主张。“盖文言合一，则识字者日益多。以通俗之文，推行书报，凡世之稍识字者，皆可家置一编，以助觉民之用。此诚近今中国之急务也。然古代文词，岂宜骤废？故近日文词，宜区二派：一修俗语，以启瀹齐民；一用古文，以保存国学。庶前贤矩范，赖以仅存。若夫矜夸奇博，取法扶桑，吾未见其为文也。”[2] 这个“二派”论，好像是俗语、古文平分天下，其实俗语是给平民看的，古文才是“国粹”。所谓“取法扶桑”云云，说白了就是反对“欧化”，矛头所向是梁氏的“新文体”。“学衡派”在批评胡适的同时也批判梁启超。胡先骕就说：“至梁启超之文，则纯为报章文字，几不可语夫文学。其‘笔锋常带感情’，虽为其文有魔力之原因，亦正其文根本之症结。如安诺德之论英国批评家之文，‘目的在感动血与官感，而不在感动精神与智慧’。故喜为浮夸空疏豪宕激越之语，以炫人之耳目，以取

---

① 梅光迪.《评提倡新文化者》. 原载《学衡》第1期，1922年1月，见《梅光迪文录》，2页，辽宁教育出版社，2001.

② 刘师培.《论文杂记》. 原载《国粹学报》，第一年一期，1905年，见《中国中古文学史·论文杂记》，110页，人民文学出版社，1959页.

悦于一般不学无术之‘费列斯顿’（盈按：philistine，流俗、门外汉）。其一时之风行以此，其在文学上无永久之价值亦以此。”[①]这个说法也是不妥当的。“带感情”的文章怎么就不能“感动精神与智慧”呢！

2. 为文言文鸣不平

梅光迪对钱玄同斥作文言者为“桐城谬种”“选学妖孽”，对陈独秀分出“贵族文学”与“平民文学”，对胡适区分“死文学”与“活文学”都加以反对。说这是“妄造名词，横加罪戾”[②]。“彼等以推翻古人与一切固有制度为职志，诬本国无文化，旧文学为死文学，放言高论，以骇众而眩俗。”[③] 他质问道：“所谓文言文学为死文学者，果为正当与否也。”[④]

3. 为林琴南鸣不平

胡先骕说：“林琴南之译小说，固亦有短处，其长自不可掩，其文辞之优，尤不待言。乃寻疵摘瑕，至詈之为不通。”[⑤] “庸有

---

① 胡先骕.《评胡适〈五十年来中国之文学〉》. 原载《学衡》第18期，1923年6月. 又收入孙尚扬等编《国故新知论——学衡派文化论著辑要》，336页，中国广播电视出版社，1995。盈按：“报章文学”，受人轻视，由来已久。1902年严复给梁启超的信中就谈道：“若徒为近俗之辞，以取便市井乡僻之不学，此于文界，乃所谓陵迟，非革命也。……，苟然为之，言庞意纤，使其文之行于时，若蜉蝣旦暮之已化。此报馆之文章，亦大雅之所讳也。故曰：声之眇者不可同于众人之耳，形之美者不可混于世俗之目，辞之衍者不可回于庸夫之听。非不欲其喻诸人人也，势不可耳。”卢云昆编.《严复文选》. 524页，上海远东出版社，1996.

② 梅光迪.《评今人提倡学术之方法》. 原载《学衡》第2期，1922年2月，见《梅光迪文录》，9页，辽宁教育出版社，2001.

③ 梅光迪.《评提倡新文化者》. 原载《学衡》第1期，1922年1月，见《梅光迪文录》，3页，辽宁教育出版社，2001.

④ 梅光迪.《论今日吾国学术界之需要》. 原载《学衡》第4期，1922年4月，见《梅光迪文录》，20页，辽宁教育出版社，2001.

⑤ 胡先骕.《论批评家之责任》. 原载《学衡》第3期，1922年3月，见孙尚扬等编《国故新知论——学衡派文化论著辑要》，282页，中国广播电视出版社，1995.

文理不通之人，能享文名如是之盛者乎？即偶有一二处违文法，安知非笔误乎！安知非疏于检点乎！乃谩称之为不通，不已甚乎？”[①] 此桩公案的评说也有立场问题。胡先骕为什么不提林琴南的《致蔡鹤卿太史书》呢？为什么不提蔡元培的《答林琴南书》呢？为林琴南鸣不平，实属不智。

4. 为桐城文叫好

晚清末年，桐城古文处于主流地位。白话派以桐城古文作为批评对象，这也是时势使然。胡先骕作为桐城文的辩护士，似乎与他出身留学生的文化背景不相称。这位“江西老表”的世界眼光、时代眼光、文学眼光，的确远不如安徽人陈独秀、胡适。他说：“今姑置文言文与语体文之争，而先论桐城文。桐城文之得名，始于方侍郎苞，姚鼐继之而文益工，故有‘天下之文，其在桐城’之誉。方氏所谓古文义法之说，即文之意义与体制是也。”[②] “夫如是正为文之极则，恶得以此为桐城病哉！”胡氏还拿法国文学、英国文学与桐城文相比。“吾常以为桐城文似法国文学，法人之为文也，不为浮诞夸张之语，不为溢美溢恶之评，一字一句，铢两恰当，不逾其分。”而“英国之批评家与报纸，以党派之精神，为极端之论调，绝不存区别等差之余地。不求以理服人，但为无理之诋谌，至法人有‘英国报纸之野蛮’之讥。凡此种种，英人之所短，正桐城之所无，法人之所长，乃桐城文所独擅，则桐城恶可轻诋之哉！”胡氏比喻失当。在汉语世界来说，桐城文乃言与文

---

① 胡先骕.《论批评家之责任》. 原载《学衡》第3期，1922年3月，见孙尚扬等编《国故新知论——学衡派文化论著辑要》，291页，中国广播电视出版社，1995.

② 胡先骕.《评胡适〈五十年来中国之文学〉》.《国故新知论——学衡派文化论著辑要》，330、331页，中国广播电视出版社，1995.

脱节，说的是白话，写的是古文，怎可与英法相提并论！从内容而言，桐城文所说的“义”乃周秦古道。替死人布道，严重脱离现实生活，英法文学是这样的吗？到了1923年还为桐城文唱赞歌，以此反对白话派，这不能不说是走回头路，开倒车，是时代错误。

5. 对“八不”主义有保留

胡适的“八不”主义是废文言尊白话的纲领性文献。胡先骕赞成其五，不赞成者有三。他说：“就其前所主张八事言之，如不用陈套语，不避俗字俗话，须讲求文法，不作无病之呻吟，须言之有物，固古今诗人所通许，初非胡君所独创。至不用典，不讲对仗，不模仿古人，则大有可讨论之处。而其最后所主张之屏弃一切法度，视之为枷锁自由之枷锁镣铐，则为盲人说烛矣。”[1]

6. 对整个白话文运动的否定

民国十一年（1922）3月3日胡适写了一篇《五十年来中国之文学》，对1872年至1922年的文学发展史进行了总结，其中第十节谈的是“这五六年的文学革命运动”，对《学衡》派的“谩骂”有所回应。文章结尾对“这五年以来白话文学的成绩”，即白话诗、短篇小说、白话散文的进步与成功进行了肯定。而且断言：“《学衡》的议论，大概是反对文学革命的尾声了。我可以大胆说，文学革命已过了讨论的时期，反对党已破产了。从此以后，完全是新文学的创造时期。”[2]

① 胡先骕.《评〈尝试集〉》. 原载《学衡》第1期，1922年1月，见孙尚扬等编《国故新知论——学衡派文化论著辑要》，293页，中国广播电视出版社，1995.

② 胡适.《五十年来中国之文学》. 见《胡适文存》二集，239页，黄山书社，1996.

1923年6月第18期《学衡》发表了胡先骕的《评胡适〈五十年来中国之文学〉》。文章一开头就说："一种运动之价值，初不系于其成败，而一时之风行，亦不足为成功之征。"又说："姑无论语体文之运动，为期仅数年，一时之风行，是否可认为已达成功之域？即果成功矣，此运动是否有价值？尚属另一问题也。"不以成败论运动，要以价值论运动，这一观点的提出，意在表明：白话文即使风行一时，也是没有价值的。根本问题还是价值取向不同。文言文已有两千多年的传统，现代白话文正式登台才短短几年，价值云云，士大夫的看法与平民的看法，肯定会大有出入。胡先骕最后说："何况白话文已有就衰之象耶。"[①] 这难道是白话文的过错吗？难道可以由此判定白话文是没有价值的吗？这个问题下文还会谈到。

7. "假古董" 反对 "伪欧化"[②]

鲁迅1922年2月9日在《晨报副刊》发表了著名杂文《估〈学衡〉》。文章讥《学衡》几位先生为"假古董"。从国学而言，这几位先生实在谈不上有多少真本领，因为他们的专业不在此。吴宓等人要和白话派一比高低，是自认为他们的中学和西学都比白话派高明。当白话派高谈"欧化"时，他们和往日的国粹派不一样，并不以反对"欧化"的面貌出现，而是把对方打成"伪欧化"。你说他是"假古董"，他说你是"伪欧化"。什么叫"伪欧

① 胡先骕.《评胡适〈五十年来中国之文学〉》. 见《国故新知论——学衡派文化论著辑要》，329、330、350页，中国广播电视出版社，1995.

② "伪欧化"的说法早已有人提出，如宋恕《上东抚请奏创粹化学堂议》，"盖真国粹、真欧化，其源皆出于爱众，故一互考而调和之境易臻；伪国粹、伪欧化，其源皆出于营私，故一对观而调和之意愈断"。见《宋恕集》。转引自罗志田《国家与学术：清季民初关于"国学"的思想论争》，130页，三联书店，2003.

化”呢？梅光迪说：“今之吾国提倡学术者，方以欧化相号召”，[1]“彼等于欧西文化，无广博精粹之研究，故所知既浅，所取尤谬。以彼等而输进欧化，亦厚诬欧化矣”。他们只不过是“乘中国思想学术之标准未立，受高等教育者无多之时，挟其伪欧化，以鼓起学力浅薄血气未定之少年”。[2] 梅光迪对于当时中国学术界提倡“欧化”的人，从梁启超到陈独秀、鲁迅、钱玄同、胡适等的学术修养一律加以否定。下面这段文字虽然比较长，还是有必要引出来。从中可以看出白话派和反白话派之间的尖锐矛盾，也可以看出中国语文转向的艰难历程。

> 吾国最初以西洋学术思想号于众者，大抵速成之留东学生，与夫亡命之徒。前者急不能待，后者奔走于立宪或革命运动，无暇入彼邦高等以上学校，执弟子礼于名师之门，故于学术中各家之原原本本长短得失，皆凭其未受训练之眼光以为观察，而又以唤醒国人，刻不容缓，加之国人程度低下，无需高深，故彼等一知半解之学，亦聊胜于无。……近年以来，留学欧美者渐多归国，其中虽皆曾受大学教育，而为时太促，尚未能于学术界上有重大之贡献，而少数捷足之徒，急于用世，不惜忘其学者本来面目，以迎合程度幼稚之社会，而“老不长进”，十余年前之旧式改革家，亦多从而和之。故今日所谓学术，不操于欧美归国之士，而操于学无师承

---

① 梅光迪.《评今人提倡学术之方法》. 原载《学衡》第2期，1922年2月，见《梅光迪文录》，10页，辽宁教育出版社，2001.

② 梅光迪.《评提倡新文化者》. 见《梅光迪文录》，3、6、7页，辽宁教育出版社，2001.

> 之群少年。若有言真正西洋学术者起，其困难又当加倍。盖须先打破彼等之“野狐禅”及其“谬种流传”，而后真正西洋学术，乃可言也。[1]

这段文字，大有争学术领导权的意思，大有真假李逵、真假孙悟空斗法之势。谁从西天取来了真经？不是“留东学生与夫亡命之徒”，也不是留美归来的“少数捷足之徒”，更不是“老不长进”的“旧式改革家”（暗指梁启超）。“真正西洋学术”的掌握者当然就是“学衡”诸公了。

其实，从语文转向的角度来说，“欧化”问题的实质，并不牵涉到哲学层面。杜威的实验主义（或译为实用主义）和白璧德的人文主义都不是指导中国语文转向的法宝。语文转向，是中国现代化的需要，“学衡”诸先生对此几乎毫无认识。所以对白话派的批评，不是情绪化，就是学究气，或者是开倒车。

最终评定《学衡》派，现在恐怕还不是时候，也不是本人力所能及的。我以为他们对学风、学德的看法，对学术规范的看法，乃至对传统文化的看法，并非全错。可他们在那样的年代唱那样的反调，争强好胜之心多于文化纠偏之意。他们成不了大气候，实为时代潮流所注定，当年中国的文化土壤也容不得他们茁壮成长。作为今人，我们应当同情他们，而不可以彻底否定他们。今天看来，如何全面看待文言文，如何历史地评价林琴南，如何客观地论述桐城派，都应取实事求是的态度。当一种文化发

---

① 梅光迪.《论今日吾国学术界之需要》. 原载《学衡》第4期，1922年4月，见《梅光迪文录》，17页，辽宁教育出版社，2001.

生数千年未有的大变化时，有人求变、激进，有人守旧、保守，这是一种正常现象。一味“激进”，而无“保守”，文化的发展就有可能失衡、失控。“保守”与“激进”，各有是非。互动互抗，可得“中和”之势。但这种分歧，并不只是思想层面的，而是关系到现实制度。于是分歧就必然导致斗争，有斗争就会有胜负之分。胜方代表现代，负方代表传统。为传统而战，为传统而吃败仗，其行为多少带有悲剧色彩。所以梅光迪、胡先骕等人值得我们“同情”。同情他们的独立精神，同情他们那种“书呆子式”的严肃态度，也同情他们的文化道德勇气。我们没有理由对他们表示深恶痛绝。

关于欧化问题，是第三阶段语文转向的一个重点。它的意义要从现代汉语书面语的形成发展来论定。

尊白话文为正宗，这不可动摇。可白话就那么容易写吗？一下子要改变通行了几千年的文言腔，谈何容易！而没有好的白话文作品，又如何取信于人！胡先骕有一个意见是对的：

> 且一种运动之成败，除作宣传文字外，尚须出类拔萃之著作以代表之，斯能号召青年，使立于旗帜之下。①

如何才能写出“出类拔萃之著作”，要积累，要借鉴。向谁借鉴，“欧化”就提出来了。1919 年，时年 24 岁的傅斯年就认真研究过这一重大课题。他认识到这个问题很严重。他说：

① 胡先骕.《评胡适〈五十年来中国之文学〉》. 见孙尚扬等编《国故新知论——学衡派文化论著辑要》，350 页，中国广播电视出版社，1995.

我也做了一半篇勉强可用的白话文，也竟有好几篇，弄得非驴非马，不成模样了。

我又见过几位做白话文的人，每每说道，“白话文好难做，不是可以乱做的！”①

为什么会“弄得不成模样”“好难做”呢？胡适晚年有过经验之谈。“我们过去都是读旧书的，所以写出来的东西，白话中总还免不了文言气，正像缠过脚的人再放脚一样。”② 半解放脚自然“不成模样”，走起路来能不“难”吗？

于是，傅斯年就写了《怎样做白话文》，“讨论做白话文的凭借物”。第一件凭借物“就是乞灵说话——留心自己的说话，留心别人的说话。我主张留心说话，作为制作白话文的利器。”第二件凭借物，他叫作“高等凭借物。”

高等凭借物是什么，照我回答，就是直用西洋的款式，文法，词法，句法，章法，词枝（Figure of speech，今译为修辞格）……一切修辞学上的方法，造成一种超于现在的国语，欧化的国语，因而成就一种欧化的国语文学。

总不敢把“使国语欧化”当做不破的主义，据我看来，这层顾忌，实在错了。③

① 傅斯年.《怎样做白话文》.《新潮》1卷2号，1919年1月.

② 这段文字转引自李敖《胡适评传》，75页，中国友谊出版公司，2000.

③ 傅斯年.《怎样做白话文》.《新潮》1卷2号，1919年1月.

为什么要“欧化中国语”呢？因为“我们的国语，异常质直，异常枯干”，“想免得白话文的贫苦，惟有欧化”。傅斯年还论述了思想和语言的关系：

> 我们在这里制造白话文，同时负了长进国语的责任，更负了借思想改造语言，借语言改造思想的责任。我们又晓得思想依靠语言，犹之乎语言依靠思想，要运用精密深邃的思想，不得不先运用精邃深密的语言。

傅斯年对当时的白话文并不满意。“一切的缺陷，当然极多。”他提出了一个长远目标，要“制造”“理想的白话文”。

> 理想上的白话文是什么？我答道：
>
> （1）“逻辑”的白话文。
>
> （2）哲学的白话文　就是层次极复，结构极密，能容纳最深最精思想的白话文。
>
> （3）美术的白话文　就是运用匠心做成，善于入人情感的白话文。
>
> 这三层在西洋文中都早做到了。

傅斯年说的这三条，都是提高白话文质量的必要条件，也是为什么要“欧化中国语”的理论依据。他还预言：

> 中国语受欧化，本是件免不了的事情。
>
> 日本是我们的前例。我们的说话做文，现在已经受

了日本的影响，也可算得间接受了欧化了。偏有一般妄人，偏说中文受欧化，便不能通。

梅光迪批评“伪欧化”时，小傅的这篇文章已经发表三年了。这种“欧化”与“伪欧化”有什么关系！“欧化”这个词来自日本，主要是用于对“国语”的改造。傅斯年“欧化中国语”的主张，其渊源也与胡适有关。胡适民国五年二月三日给陈独秀的信已谈道：

今日欲为祖国造新文学，宜从输入欧西名著入手，使国中人有所取法，有所观摩，然后乃有自己创造之新文学可言。

“取法”“观摩”是多方面的，而句子结构形式、修辞技巧等当然也在其中。傅的文章也有说理不周的缺点，他没有强调“欧化”时一定不能忘记汉语自己的特点。一味“欧化”，不管汉语和西语的区别，那样的欧化会引起破坏汉语的作用。小伙子到底不如周作人老道周密。周作人读了梅光迪《评提倡新文化者》之后，于同年2月写了一篇《国粹与欧化》。他说：

我们欢迎欧化是喜得有一种新空气，可以供我们的享用，造成新的活力，并不是注射到血管里去，就替代血液之用。……

譬如国语问题，在主张中学为体西学为用者的意见，大抵以废弃周秦古文而用今日之古文为最大的让

> 步了；我的主张则就单音的汉字的本性上尽最大可能的限度，容纳“欧化”，增加他表现的力量，却也不强他所不能做到的事情。照这样看来，现在各派的国语改革运动都是在正轨上走着，或者还可以逼紧一步，只不必到“三株们的红们的牡丹花们”的地步：屈折语的语尾变化虽然是极便利，但在汉文的能力之外了。……总之我觉得国粹欧化之争是无用的；人不能改变本性，也不能拒绝外缘，到底非大胆的是认两面不可。[1]

欧化与国粹并非对抗矛盾。欧化必须是在汉语“限度”之内进行，不能“强他所不能做到的事情”。拒绝欧化也是不对的。

这段历史，至今还缺少全面认真的总结文字。20 世纪 70 年代有人说：“回想当年文言弥留、白话学步之际，瞿秋白和鲁迅一批人感叹中文贫瘠，不惜在译文中炮制出不少欧化句子，弄得读译文的人莫测高深，误解外国文学：学不到人家的写作技巧事小，搞坏了自己的中文根基事大。”[2] 只要了解“欧化”的来龙去脉，就会说这个批评是不公正的。“感叹中文贫瘠”的不止是瞿秋白、鲁迅，“炮制欧化句子”的更不止是瞿秋白、鲁迅。何况“欧化句子”对汉语的发展毕竟是利多于弊。这是很值得我们正视的大问题。

赵元任指出：“最近几十年间，已经有好些欧化说法出现在

---

① 周作人.《自己的园地》. 13 页，河北教育出版社，2002.

② 董桥.《翻译与“继承外国文学遗产”商兑》. 见《董桥文录》，121 页，四川文艺出版社，1996.

笔头，不过没有进入口头。”[①]

王力在《汉语史稿》中说：“‘五四’以后，汉语的句子结构，在严密性这一点上起了很大的变化。基本的要求是主谓分明，脉络清楚，每一个词、每一仂语、每一个谓语形式、每一个句子形式在句中的职务和作用，都经得起分析。”[②] 毫无疑问，这就是欧化的结果。

王力在《中国语法理论》和《中国现代语法》两书中都有专章讲“欧化的语法”。因为：

“从民国初年到现在，短短的二十余年之间，文法的变迁，比之从汉至清，有过之无不及。文法的欧化，是语法史上一桩大事。”根据他的研究，“鲁迅的文章欧化程度浅，而徐志摩的文章欧化程度就深多了”。[③] 不仅有“欧化的语法”，还有“欧化的词汇”“欧化的风格”。王力说：“咱们对于欧化的语法，用不着赞成，也用不着反对。欧化是大势所趋，不是人力所能阻隔的”。[④] 欧化是通过翻译文本实现的，是通过翻译家之手实现的。翻译家、翻译文本对现代汉语的转向，对现代汉语书面语的形式发展，关系极为密切。从这个意义上我们可以说，现代书面语的发展过程，在相当程度上是欧化的过程。不加分析地反对欧化，对汉语的发展并没有什么积极意义。

---

① 赵元任.《什么是正确的汉语》. 见《赵元任语言学论文集》，845 页，商务印书馆，2002.

② 《王力文集》. 第九卷，628 页，山东教育出版社，1988.

③ 王力.《中国语法理论》. 见《王力文集》第一卷，434、435 页，山东教育出版社，1984.

④ 王力.《中国现代语法》. 见《王力文集》第二卷，460 页，山东教育出版社，1985.

对欧化的认识，在理论上也有一个发展过程。1977 年，余光中在《论朱自清的散文》中分出“善性欧化”与“恶性欧化”，应看作是理论上的飞跃。他说：

> 所谓欧化也有善性恶性之分。“善性欧化”在高手笔下，或许能增加中文的弹性，但是“恶性欧化”是必然损害中文的。“善性欧化”是欧而化之，“恶性欧化”是欧而不化。①

1979 年 7 月，余光中连续发表了《论中文之西化》《早期作家笔下的西化中文》《从西而不化到西而化之》等三篇探讨“西化”的文章，“检讨 60 年间西化之得失”，明确主张“对‘恶性西化’的各种病态，尤应注意革除”。② 他还预言：

> 未来白话文的发展，一方面是少数人的“善性西化”愈演愈精进，一方面却是多数人的“恶性西化”愈演愈堕落，势不可遏。③

四、中国语文转向第四阶段（1949—1979）

把这 30 年作为一段，不过是取其整数。前 17 年（1949—1966）与后 10 年（1966—1976）情况很不一样，最后 3 年（1976—1979）

---

① 《余光中散文选集》. 第 3 辑，159 页，时代文艺出版社，1997.

② 《余光中散文选集》. 第 3 辑，289 页，时代文艺出版社，1997.

③ 同上书，317 页.

算是第四阶段至第五阶段的过渡时期。就总体倾向来看，这3年过渡还是偏向于第四阶段而不是第五阶段。

从中华人民共和国成立之日起到“文化大革命”开始，这17年间，中国语文转向有突飞猛进的发展，可以称得上气象非凡，许多百余年来没有定论或虽有定论而未能彻底实现的语文理想，在此期间有了定论而且在全国范围得到贯彻实施。举其大者有如下七事：

第一件：白话文一统天下 第三阶段，白话文虽已名正言顺登上了大雅之堂，取得了正宗地位，但当时的报纸刊物及某些教科书、学术论文，尤其是公私应用文，文言文还很有势力和地位，不少文人学士都有相当的文言修养，能写能读。而解放后是工农兵当家做主，他们中的绝大多数没有学习过“之乎者也”，当然对文言文没有任何好感，更谈不上留恋。过去那些能写文言文的笔杆子，为了迎合时代，贴近劳苦大众，走笔行文，不能不追赶时髦（只有陈寅恪、钱钟书等少数人还用文言著述）。文言文是彻底吃不开了，终于由“弥留”而寿终正寝了。所以在大陆内地，现在五六十岁的人、三四十岁的人，基本上没有受过文言训练，这是副作用。至于白话一统天下，无疑是大好事。正如罗常培、吕叔湘所言：“白话文……到1949年才取得全面的胜利，新的文学语言才终于完全代替了旧的文学语言。”①

第二件：在全国范围内大规模地推广普通话 1956年6月2日国务院发布《关于推广普通话的指示》。《关于推广普通话的指

① 罗常培，吕叔湘.《现代汉语规范问题》. 原载《语言研究》1956年1月，现收入《吕叔湘全集》第十二卷，42页，辽宁教育出版社，2002.

示》对“普通话”的定义是：“以北京语音为标准音、以北方话为基础方言、以典范的现代白话文著作为语法规范的普通话。”“典范的现代白话文著作”是指哪些“著作”？没有明文规定。这期间影响最大、位居经典的白话文作者只有两个人：一是鲁迅，二是毛泽东。两位先生都是“铁肩担道义，辣手著文章”的典范。人们从中学的不只是普通话的语法，更重要的是思想内容。

推广普通话的成绩是显著的。《关于推广普通话的指示》责成中国文字改革委员会、教育部、高等教育部、文化部、中国科学院语言研究所等单位，分工负责，从各级学校到部队到青年团、工会、全国各地的广播电台、报社、通讯社、杂志社、铁路、交通、邮电、对外翻译人员，都要学普通话，而且要定期学会普通话。

第三件：制定和推行《汉语拼音方案》 1957年11月国务院《关于公布〈汉语拼音方案草案〉的决议》指出：“应用汉语拼音方案为汉字注音来帮助识字和统一读音，对于改进学校语文教学，推广普通话，扫除文盲，都将起推动作用。对于少数民族制定文字和学习汉语方面，也有重大意义。”这个《关于公布〈汉语拼音方案草案〉的决议》没有提到：拼音方案在跨文化交流、外国人学汉语以及地名、人名的拼写方面，同样有重大意义。吴玉章说这个《汉语拼音方案》是“六十年来中国人民创造拼音方案的经验总结”。[①] 真是来之不易，其中包含好几代人的智

① 《关于当前文字改革工作和汉语拼音方案的报告》．《人民日报》1958年2月14日。又见吴玉章《文字改革文集》，155页，中国人民大学出版社，1978.

慧与心血。在我们这样一个大国，这样一个有数千年文明史、文字史的大国，语文转向的确不可等闲视之，不是轻而易举的小事。《汉语拼音方案》不是作为取代汉字的正式文字提出来的，其性质为“注音字母”，这样做也是非常稳妥、非常正确的。拼音文字能否取代汉字，何时取代汉字，这是将来的事。这个“将来”是几百年还是几千年，还是遥遥无期，谁都说不好。

第四件：整理汉字字形 包括汉字笔画由繁变简，整理异体字，统一铅字字形，将某些生僻地名用字更改为常用字。这些工作也是现代化的需要，对于促进文化教育的发展，对于现代汉语书写工具的规范都有重大的积极意义。

第五件：进行全国范围内的大规模的方言调查 “在不到三年（1955—1957）的时间内，普查了1849个点，约占全国县市的80%。”[①] 方言调查意义是多方面的，最直接的现实意义是为推广普通话服务。各方言区的人如何学好普通话，掌握某一方言与普通话语音的对应规律极为重要。方言调查对于汉语发展史的研究也有深远的意义。

第六件：出版了《新华字典》和《现代汉语词典》 这两部书堪称现代汉语规范工作的总结性的成果。

第七件：普及语法修辞知识 中华人民共和国成立不到一年，1950年5月21日的《人民日报》就发表了一篇短评：《请大家注意文法》。短评要求“把文法上的一切错误，从我们所有发表的文字中逐步地、最后地彻底消灭掉”。短评的作者显然是用“消灭”敌人的观点来看待“消灭”文法“错误”的，不仅要

---

① 费锦昌.《中国语文现代化百年记事》. 216页，语文出版社，1997.

“彻底”，而且是“最后地”，颇有点浪漫幻想。1951年6月6日《人民日报》又发表社论：《正确地使用祖国的语言，为语言的纯洁和健康而斗争！》，社论指出：

> 更严重的是文理不通。毛泽东同志和鲁迅先生都是精于造句的大师。他们所写下的每一句话都有千锤百炼、一字不易的特点。毛泽东同志痛恨文理不通的现象，因为只有学会语法、修辞和逻辑才能使思想成为有条理的和可以理解的东西。但是我们还只有很少的人注意到这个方面。我们的学校无论小学、中学或大学都没有正式的内容完备的语法课程。我们的干部无论从学校出身的或从工农出身的，都很少受过严格的语文训练。他们常常在正式的文字里，省略了不能省略的主语、谓语、宾语，使句子的意思不明确。他们常常使用组织错误的和不合理的句子。有些这种错误的句子甚至还出现在大量发行的报纸和杂志上。

因此，《人民日报》“决定从今天起连载吕叔湘、朱德熙两先生的关于语法修辞的长篇讲话，希望读者注意”。《讲话》从6月6日起到同年12月15日连载完毕，对语法修辞的普及和遣词造句方面毛病的克服，起过很好的作用。只是汉语语法的研究本来还不深入，有很多问题存在不同的看法，加之《讲话》本身也有种种缺点，不能指望读了《讲话》，就能“把文法上的一切错误……最后彻底地消灭掉。”

年轻的共和国，面临着百废待兴的局面，短短几年之内就能在现代汉语规范化方面取得如此突出而又巨大的成绩，可证当时的语文政策基本上是正确的，反映了广大人民群众的愿望，符合汉语发展的历史方向。语文工作者也都怀着满腔热忱，开拓了一个欣欣向荣的语文新天地。

但语言规范初见成效之日，也就是语言牢笼渐渐建成之时。此二者本无内在的逻辑上的必然联系。由于连年的政治运动，阶级斗争一浪高过一浪。镇反、土改、三反五反、思想改造运动（忠诚老实运动）、反胡风运动（全国大规模审干运动）、反右、大跃进、反右倾、社教（四清）运动等，都离不开“口诛笔伐”，离不开“斗争哲学”。十多年的运动，已经做了长长的铺垫，终于发展成为史无前例的“文化大革命”运动，这一运动又是十年。历次运动的恶果是：

> 汉语语言文字丧失了活活泼泼的生机，丧失了多彩多姿多元化的风格。

语言贫乏、空洞，面目狰狞。话语垄断，话语暴力，触目惊心。“文革”语言，更是杀气腾腾，野蛮之极。

1968 年 4 月 30 日笔者在汉口街头买了一本《战地黄花》，里面有一首诗：

> 砍掉脑袋碗大个疤　长矛穿胸开红花
> 老子舍得一身剐　　敢把麻谭拉下马

1968 年 9 月在北京出版的一本《送瘟神——全国 111 个文艺

黑线人物示众》，其中的语言文字出自文人之手，同样不堪入目。现摘几条在这里“示众”，看当年的语言文字是何等恐怖堕落。例句中所谓的“黑线人物”，现在均用×××代替。

“××公然把矛头指向以毛主席为首、林副主席为副的无产阶级司令部，真是狗胆包天，罪该万死！”

“××干尽了反党、反社会主义、反毛泽东思想的罪恶勾当。”

“××如此卖尽力气为日寇、汉奸、国民党反动派效劳，已经堕落为民族的败类，时代的渣滓！”

“在无产阶级文化大革命中，反革命修正主义分子×××终于被揪出来了。我们必须把他斗倒、斗臭、斗垮，使他永世不得翻身！”

“他疯狂攻击无产阶级专政的社会主义制度，煽动牛鬼蛇神向党猖狂进攻，恶毒攻击三面红旗。把矛头直接指向我们心中最红最红的红太阳毛主席。”

“××是大叛徒、反共老手、国民党的忠实走狗、罪恶累累的反革命修正主义分子。”

“在无产阶级文化大革命中，革命群众撕破了×××的反革命面目，把他揪出来了。但他极不老实，力图为自己翻案，妄想卷土重来。然而无产阶级革命派的铁拳头，彻底粉碎了他的一切痴心妄想！”

语言暴力的产生有政治暴力、政治恐怖作为背景，也有语言内部的原因。中华人民共和国成立之后一直到“文化大革命”期间，只有鲁迅的语言文字和毛泽东的语言文字处于神圣不可动摇的绝对权威的地位。那些比较软性的美文，不是被认定为小资情调，就是被批判为“大毒草”。鲁迅的“匕首”式的文字，“投枪”式的文字，“能和读者一同杀出一条生存的血路”的文字，还有“打落水狗”的文字，在“文革”中被极“左”思潮利用，编成语录，作为打击“敌人”的理论依据。我手头保存一本1967年11月出版的《鲁迅语录》，只要看一下目录就知道“录”的是些什么“语”了。“一、忠于毛主席的革命路线；二、阶级和阶级斗争；三、革命；四、革命者；五、敢于斗争，善于斗争；六、痛打落水狗；七、‘韧’的战斗精神；八、注重现实斗争；九、痛斥反革命两面派；十、破旧立新；十一、人民群众；十二、为人民服务；十三、思想改造；十四、思想方法；十五、青年；十六、文化艺术；十七、其他。”鲁迅啊，多少罪恶是假你的名字干出来的！毛泽东的《湖南农民运动考察报告》《〈关于胡风反革命集团的材料〉的序言和按语》以及1957年反右的许多文字，在“文革”中也都产生了很大的影响。“文革”中的某些斗争方式就直接来自《湖南农民运动考察报告》。

曾经有人说：“我们这一辈，在中学时代把鲁迅读烂了，所以一落笔，就‘变风变雅作矣’。一经胡公（按：指胡适）点破，也颇自觉有失温柔敦厚之道；士君子读书作文，为什么一定要走鲁迅那条尖酸刻薄的道路呢？”① 还有人说：“由于鲁迅的文体能自成一格，机敏与愤怒在白话文里生了根，后起的白话文作家很难摆脱它们。在白话文的发展中，这种依赖机智，依赖仇恨和侮

① 唐德刚.《胡适杂忆》. 增订本 . 172 页，华东师范大学出版社，1999.

辱的字汇的趋向，和这种真的把中国语文的坦途缩小的责任都应由鲁迅来负。但这种文体对模仿者有很大的限制，鲁迅本人在其中却是游刃有余。”①

对这些说法应取分析态度。鲁迅的“尖酸刻薄”“愤怒”与“仇恨”是用来对付真正的论敌的。鲁迅遭受了那么多的围攻，诬蔑，谩骂，他有理由“仇恨”。即使这样，鲁迅也认为：“辱骂和恐吓决不是战斗。”② 至于在“文革”中，极左分子和极左思潮还利用鲁迅语录来搞所谓“大批判”，那是从根本上就混淆了敌我矛盾。责任当然不在早已去世的鲁迅。

毛泽东的文章的确也是白话文的典范。1951 年《人民日报》社论称“毛泽东同志和鲁迅先生都是精于造句的大师”。并号召全国人民“应当努力学习毛泽东同志和鲁迅先生，继续发扬我国语言的光辉传统”。将毛泽东与鲁迅相提并论，我认为并无不当。（胡适也说：“毛是一位有力的散文作家。”③ ）。问题是毛泽东晚年就把敌我矛盾搞错了。正如邓小平所言：“‘文化大革命的十年’，毛泽东同志是犯了错误的。”④

毋庸讳言，汉语语言文字一度成为暴力工具，成为杀伤力很强的武器，跟毛泽东的错误有直接关系。当然，历史原因也不能不考虑，既然“机敏与愤怒在白话文里生了根”，群众就很容易被误导，很容易被利用，他们把愤怒和暴力施加给所谓的“牛鬼蛇神”，所谓的“阶级敌人”，造成种种悲剧、惨剧，不能不说白

① 《夏济安选集》. 29 页，辽宁教育出版社，2001.
② 《鲁迅全集・南腔北调集》. 第四卷，344 页，人民文学出版社，1957.
③ 何炳棣 .《读史阅世六十年》. 321 页，广西师范大学出版社，2005.
④ 《邓小平文选》. 第二卷，292 页，人民出版社，1994.

话文的传统有问题。汉语语境中的“愤怒”遗风、“文革”遗风，至今并未彻底消除。

五、中国语文转向第五阶段（1979— ）

第五阶段与第四阶段的后期简直不是发展与继承的关系，而是拦腰斩断，另起炉灶，重打锣鼓另开张。若论历史来源，第五阶段乃遥接“五四”，重新启蒙，是第三阶段的继承和发展，是中国优秀的语文传统的大发展。

1979 年开始的改革开放，也是语文领先。对于汉语语文来说，“改革”就是革掉语言暴力，唾弃祸国殃民的语言暴力。“开放”就是打开语言牢笼，把备受扭曲的语言魂从牢笼里解放出来。扩大阅读面，恢复汉语的生机，恢复汉语的传统，给汉语注进新生血液。汉语要走向世界，参与世界语言竞争。

百余年的语文转向与中国现代化的进程始终是互动关系。十年“文革”，现代化的进程已完全停顿，经济面临崩溃的边缘，政治倒退到暴政专制主义，文化迅速粗野化、沙漠化，学业普遍荒废，文盲大量增加，阅读范围只限于“红宝书”，跨文化对话等于零。语文当然不可能朝着进步的方向转变。改革开放的根本宗旨是要使中国重新跨上现代化的骏马，驰骋在全球化国际化的广阔天地之间，语文的责任就是要为现代化鸣锣开道，一切阻碍或不适应现代化进程的语言问题、文字问题都在变革之列，这种变革几乎不以人们的意志为转移，人们只能适应改革的机遇发挥自己的聪明才智。真是“三十年河东，三十年河西”，不管你愿意不愿意，我们又要礼拜孔子、携手港澳台、乃眷西顾了。尘封了几十年的周作人、林语堂、徐志摩、沈从文、梁实秋、钱锺书一一跟读者见面了，甚至连张爱玲、苏青也像出土文物一样受到青睐。

我们的词汇面貌、语言行为发生了翻天覆地的大变化。昔日那些出现频率最高的词语，有的靠边站了，有的退休了，有的被扫进了历史的语言垃圾堆。20世纪六七十年代出生的人对“阶级”“斗争”“复辟”“反帝”“反修”“斗私批修”“白专道路”“个人主义”“黑帮”“走资派”“四类分子”“五类分子”“反革命”“上山下乡”“插队”“五七干校”“革命路线”“思想汇报”“思想改造”“贫下中农”“向党交心”“恶毒攻击”“坦白从宽，抗拒从严，顽固到底，死路一条”等，已经不知所云，而现在五六十岁以上的人再看到这类词语，当感慨万千。云烟过眼，梦耶？非耶？甚至连“干部”“同志”“社会主义”这类词，在不同年龄不同身份者的心目中，含义与感情色彩也是大不一样的。

与此同时，这20多年间出现了大批新词语。前些年，市面上已经有不少新词语词典问世，2002年《现代汉语词典》增补本也有一个“新词新义”的附录。新词语像雨后春笋一样萌生，上了年岁的人会深有感触，我们已处在新词语的包围之中，而且有的新词语究竟是什么意思，即使文化程度很高的人也不一定能说得清。走笔至此，我把今天（2003年11月11日）《北京青年报》上的新词新义按版面大致上查了一遍，选择性地摘录了70个例子。该报分A、B、C三叠。例中的A1就是A叠第一版，B1就是B叠第一版，C叠即“信息产业报”：分“人才时代”“数码时代”“汽车时代”“广厦时代”“生活时代”5个专刊。今天这一期是“数码时代”。

1. 地球小姐新鲜出炉（A1）

2. 环京赛形象大使（A2）

（第二届北京国际公路自行车赛）

3. 自考试卷网上下载，计算机考试首次家中进行（A3）

4. 新鲜上市限量供应（A4）

（万象新天〈一住宅区名称〉首度面世）

5. CBD 以东超大综合性社区（A4）

6. 美国总统和国际艾滋病防治基金会主席，哪一种身份更贴近你想象中的克林顿？昨日上午，这位著名的美国人出现在“清华大学 AIDS 与 SARS 国际研讨会”会场并发表演讲（A5）

7. 北京移动通信有限责任公司

快看伦语长篇连载——30 元给你 600 条短信写语录！

11 月 1 日起，在“青青校园”和“娱乐部落”套餐里，会新添一项短信 500——只要 30 元就能发 500 条短信（限中国移动网内短信），而且这月申请，还能再获得下月 100 条短信的赠送。从现在起，我要把我的话统统记下来，发给我的死党、女友、老爸、老妈，免得我说什么总跟没说一样。赶快登录动感地带网站 m-zone. bmcc. com. cn 申请！（A5）

8. 医院、学校、银行、超市周边环境

高档会所打造便捷式商务生活中心

宽带网络接入，充足办公车位，效率型商务发动机（A6）

（按：这是一家房地产开发公司的广告词）

9. 现场直击　五女子凌晨行窃被电子眼拍下（电子眼：指电视网络监控系统）（A7）

10. 新北京呼唤新道德系列讨论之八：衣德　网友评出的穿衣服应遵守的八项道德（A8）

11. 编者的话：去年本报曾带头发起“提醒‘膀爷’穿件T恤”的活动……从那时起，“衣德”开始在媒体上受到关注（A8）

12. 去年10月10日，××等旅客刚到成都火车站，就被地接的旅行社晾了两个小时。（A9）

13. 一男子因近一个月多次向一陌生女子发黄色下流手机短信息，违反《治安管理条例》第22条第5款被密云警方治安拘留15天。这在本市还是首次。（A9）

14. 东城分局安外大街派出所钓了一条“大鱼”——破获了一个贩卖淫秽光盘和盗版光盘一条龙的团伙（A9）

15. 《北京市物业管理办法（草案）》已起草完成（A10）

16. 建设湖光中街与京承高速路立交，阜通东大街与四环路立交，丽泽中街与五环路立交等。（A10）

17. 据悉，除了纯玩团外，经过旅行社翻新的海南线路还有十几条，特别是海南自助团，推出了“菜单式”服务，不同星级的酒店以及接送及餐饮等服务全凭旅客自己选择，在组合上较以前更加丰富。（A10）

18. 本报讯　只要拿起鼠标一点，远在外地的家人就可以享受到为他们订制的美味佳肴。这是日前丽华快餐首次在国内推出的“网上异地订餐”服务所带来的便捷。（A10）

19. 香港媒体报道（A11）

20. 这几个城市的常住居民仅凭身份证、户口簿即可办理赴港澳地区旅游（A11）

21. 美国传销公司开到中国　湖北鄂州查处网上跨国传销案（A11）

22. 聘专业保洁员20人　能熟练操作保洁设备（A11）

23. 招聘 IT　通信/流通促销/旅游等行业专职业务员（有客户者优先）（A11）

24. 11 月 7 日晚，来自江苏的武警小于到西安市一家银行的 ATM 机上取款，像平时一样插完卡输完密码后，正准备提款的小于看到屏幕大吃一惊：原来自己账上的两三百元竟然被一长串令人发晕的数字所替代（A12）

25. 新居开荒清理、木地板打蜡、抛光及单位家庭日常保洁（A12）

26. 西直门商业旺地，惊喜等待您！（A12）

27. 1∶1、3 车位的地下车库　签约客户可免付 5000 元物业费或一年地下车库租赁费（任选其一）（A12）

28. 赠送消费代金卡、折扣卡，尽享美丽人生/3 倍于故宫的皇家城阙 VS 30 万平方米超级会所/王府、四合院、马会、水下迪厅、27 洞国际高尔夫（A13）

29. 面向机关、饭店、写字楼、商厦、医疗机构、社区、超市等大型物业提供长期、定期的保洁、清洗业务　专业清洗　烟罩（道）　抽烟机（A14）

30. 国兴大厦是 26 万平方米超大规模之国兴家园的领航建筑，由开发商北京能源房地产开发有限责任公司凭借雄厚的开发实力投资兴建。　5A 级智能化标准，国际化、人性化设计　底商写字楼　火热租售中（A14）

31. 俄罗斯权力核心揭秘　以前克格勃特工为主的“西罗维基”（按：意为强力集团）开始掌控这个国家（A15）

32. 但这些照片一经在半岛电视台网站上公布，立刻引起强烈反响。（A16）

33. 原汁原味游新疆（A16）

34. 麦当劳公司7日给各大媒体发去电子邮件。(A16)

35. 月供3万6　独霸600m★　整层。企业总部　180弧形大窗　360环景视野　零距离直面50公顷中华民族园　四面采风、纳光、观景。大开间，空间拆合随意自如。两梯一户（A16）

36. 当你在后台刻录光盘的同时仍可尽享超酷的电脑游戏，体验超炫刺激。(A17)

37. 散户在网上竞拍机票的机制与团体拍卖机制基本一样，参加网卜竞价的客户在注册登录后，根据自己的出行时间、舱位需求和心理价位，在航空公司给出的底价基础上自由出价，最后电脑竞价系统以价格优先、时间优先的原则来确定最后成交者。(A18)

38. 继“福布斯”“胡润”两大不同版本的“中国百富榜”火爆登场后，日前，有“网上中国大黄页”之称的NET114突然跳出来——宣布将斥资力推国产版富豪榜。据悉，目前NET114已就“中国富豪榜”的评定标准和方法在网上广征网民意见(A18)

39. 一场新的IT广告大战正呈扑面而来之势——HP以4、5亿美元巨资打造的“一切皆有可能”正在让它的产品化“孤傲”为“平和”；CISCO则通过“这就是网络的力量”使其从原来人们心目中的路由器和交换机的生产商“摇身”变成了网络技术新领域的开拓者、传播者和领导者；IBM重金聘请的新形象代言人、58岁的上海复旦大学教授也已经出现在了其Thinkpad x系列笔记本电脑广告中。（按：最后一句有语病）在这场轰轰烈烈的国际性企业品牌重塑运动中，作为国内IT元老的联想自然也“出手不凡”——从今年4月份的legend到lenovo的标识切换，到10月15日“只要你想”的新版广告全国品牌推广攻势的启动，联想在品牌整合营销的这一重要举措，让人们看到了联想的“国际化态度”正越来越鲜明和明朗。(A18)

40. 目前，“炒汇”已经成为众多个人投资者的理财手段。

讲座由资深外汇分析师主讲，并可免费从相关网站下载外汇即时报价与实时图形。(A18)

41. 证券　盘面　开盘　收盘　尾盘　股指　走低　走高　阳K线　大盘　套牢（A19）

42. Clone Sydney　克隆雪梨

原汁澳版双拼别墅·空运抵京（A20）

43. NBA赛场流血是常有的事　阿特斯特本想玩个灌篮，没想到对方中锋科尔曼突然撞了上来，一颗牙就这样给撞没了。(A20)

44. 碧溪家居广场　与您共建财富平台

按揭投资方案——小投资，大收益

到2004年5月1日全部建成营业后的碧溪家居广场将成为一座涵盖购物、娱乐、休闲、商务、售后服务等各项服务保障功能为一体的5A智能化家居商业大厦。(A22)

45. 刚刚成为“国家舞台艺术精品工程”30个入围剧目之一的《情天恨海圆明园》，将于11月25日至27日起再次登上保利剧院的舞台。(A22)

46. 因“非典”来京计划终成泡影

最早是MTV全球音乐电视台，该公司原计划在北京紫禁城发起一场以欧美顶尖歌手为主打的盛大流行音乐活动，但是，由于

上半年突如其来的SARS风暴，上述两个计划均被打乱（A23）

47. 打电话给老公，问他下班没有（B1）

48. 人老车破又磨合（B1）

49. 商用笔记本电脑　超便携

超小的双扩展插槽掌上电脑（B2）

50. 1. 发送电子邮件到：maxiongying@ynet. com；2. 登录我们的百姓神探论坛：http://fukan. ynet. com

51. ×××回家的时候大约晚上10点钟左右，是她自己打车回的家。（B3）

52. 刚开始用手机，手机信号不好就改用坐机（B3）

53. 5、6号新版点式楼座隆重推出，赠送户式中央空调，智能化物业管理，宽带局域网，门禁系统，智能监控，远红外防盗（B4）

54. 美国怡口软水机　惊喜价6700元（B5）

55. 星级体验　平民风格　鼎好电子商城全新超大电子主题百货商场（B5）

56. 本报辟专栏公布当日夹报广告种类及名称（B8）

57. 开创随身电脑至轻至薄新境界

卓越的产品功能，满足生活中追求领先的你。超强性能，全方位出色表现。（C1）

58. 2003年，确实是中国互联网企业的丰收年。（C4）

59. 搜狐股票率先跌破一美元，成为垃圾股。（C4）

60. 美国有很多股东都有套现行为，例如，比尔·盖茨在不断套现。（C4）

61. 谁是真正网络富豪（C4）

62. 网络新闻秀抢先开场（C5）

63. 年度十大新民企领袖（C5）

64. “2004 年中国新视角”高峰论坛将在 2004 年 1 月初举行，邀请中国最顶尖的商业学术领袖、经济学人、媒体巨子和商业巨头，共同探讨中国社会和经济在未来发展、转型期间的诸多新锐问题。（C5）

65. 搜狐新闻致力于将海量的、平面的网络新闻变成结构化、有针对性的新闻。（C5）

66. 中国的电话用户总数已经超过 5 亿，其中移动电话用户已接近 2.5 亿（C6）

67. 通信展（指中国国际通信设备技术展览会）已经成为运营商、设备供应商、系统集成商、终端制造商、内容服务提供商、媒体、分销商和消费者共同参与。（C6）

68. 除了基础的文字短信息业务，短信息业务还不失时机发展了铃声和图片业务。（C13）

69. 400 万像素数码相机爆出低价：2388 元。（C14）

70. 适值冬日，用电暖气取暖自然多起来。（C14）

《北京青年报》语言风格与《光明日报》《中华读书报》显然不同，这是一份贴近社会、贴近生活、贴近实际、贴近青年的都市大报，信息量大，城市青年又是新词、新义、新的修辞手法的主要创造者，他们和中年人、老年人的用词、语境有明显的差别。我仅仅调查了这个报的一天的各类文字，而且很粗疏，尤其是对 C 叠，只浏览一过，但所得例证已有 70 条之多。其内容多属经济、商业方面的，尤其是信息产业、证券、广告业、旅游业、房地产、娱乐业等，跟人们的日常生活关系密切，包括衣、食、住、行、用、疾病等方面的词语。这些词语，有的已进入全民通语，成为常用词。如“计算机”“社区”“艾滋病”“超市”“手机”“光盘”“立交”“鼠标”“快餐”“媒体”“身份证”“促销”“客户”“物业费”“写字楼”“网站”“证券”“克隆”“平台”“老公”“老爸”“老妈”“空调”“互联网”“数码相机”；有的只在一定范围内流行，如“套餐”（非本义）“短信”“宽带网络”“按揭”“膀爷”“地接”“传销”“开荒”（非本义）“旺地”“水下迪厅”“5A 级智能化”“路由器”“交换机”“外汇分析师”“入围”“酷”“灌篮”“广场”（非本义）“惊喜价”“垃圾股”“套现”“电暖气”“铃声”（非本义）等；有的词语比较少见，甚至是临时性的个人造词或只是一种修辞技巧。如例 7 的“伦语”，指台湾流行歌手周杰伦的话，又如例 1 的“地球小姐”是指参加世界性选美大赛的女性（媒体还有“环球小姐”“世界小姐”“国际小姐”“宇宙小姐”之类的词）。例 1、例 4 的“新鲜”并非新词，可与通常的用法不一样，例 1“新鲜出炉”的“新鲜”用来形容“洪都拉斯小姐达尼亚·普林斯最终摘取桂冠”。虽说古有“秀色可餐”，但“新鲜”与“出炉”也很难引发香色味的美感。至于商品“首度面世”，用“新鲜”来修饰“上市”，也不是通常的用法。“出炉”也非原义，可常见于报端。11 月 22 日《北京青年报》A16 版：

在香港上市的阳光文化（Hk0307）的中报也于同一天出炉。11 月 21 日出炉的这份中报显示……

11 月 27 日《北京青年报》A22 版：

全球最具影响力企业家出炉。

指美国《时代》杂志和美国世界新闻网最近评出“2003年全球最具影响力企业家”。11月28日该报17版：“俄远东输油线新方案出炉。”“出炉”的这种用法似乎将被广泛认可。还有例33“原汁原味”，例42的“原汁”都是广告用语。广告语言力图吸引读者注意，特意追求反常规的效果，它的修辞技巧很值得研究，某些词义的发展变化就是这样开始的。例30的“底商”指底层为商店用房，其寿命如何，有待时间考验。

例17“菜单”、例25“开荒”、例27“客户”、例30“领航”、例35“采风”、例44“广场”“平台”、例45“工程”、例68“铃声”、例65“海量”均与原义不同。“海量”的这种用法也见于学术论文。如：

并且有海量的翻译任务急需高质量的翻译。[1]

有的旧词，1949年以后本已渐渐不用或只有在特殊场合才用，有的甚至成为贬义词，如今受港台影响，重新“出炉”，恢复原义。如“小姐”（按：“小姐”现在又成了贬义词，与某种职业有关）、“富豪”等。

例中也有新“出炉”的音译词。如：

例36的“酷”是英语Cool的音译，英文本义为：“凉快

---

① 见《语言科学》（双月刊）2003年7月第2卷第4期8页，科学出版社.

的”，口语意为“妙极的”“顶呱呱的”；例62的“秀”来自英语的Show，有“显示”“引人注意”等意思。“作秀”已收入2002年版的《现代汉语词典》（1731页）。报上也有“手机秀”“博学秀”“革命秀”“真人秀”“脱口秀”“皮草秀”“图片秀”“新闻秀”“商业秀”“讲演秀”之类的说法。还有“秀场”“微型秀场”等词语。例11“T恤”的构造很有意思，《现代汉语词典》（1736页）已收入，可参阅。还有些新词的书写形式不一。如例52的“坐机”指固定电话，11月14日《北京青年报》A20有一个标题“美座机换手机不用换号”。“座机”即“坐机”，这是个新词，与“专供某人乘坐的飞机”（见《现代汉语词典》2002年版，1688页）无关。

70个例子中，还有英语缩略语。如例5的CBD，已收入《现代汉语词典》2002年版，意为“中央商务区”（1733页）。例6的AIDS，也收入《现代汉语词典》2002年版，意为“获得性免疫缺陷综合征，即艾滋病”（1733页）。例6的SARS为英语Severe Acute Respiratory Syndrome的缩略写法，意为“急性重症呼吸综合征”，今年开始见诸报端，故未收入《现代汉语词典》。且中国内地报刊多称此病为“非典”，故例46“非典”与SARS同时并用。由于“非典”一名不正确，故有人建议译为“萨斯病”或者“萨嘶病”。[①] 例23的IT（信息技术）、例24的ATM机（自动柜员机）、例46的MTV（音乐电视）均已收入《现代汉语词典》中的“西文字母开头的词语”，这三个外来缩写词已融入汉语，家喻户晓。例43的NBA也是英语缩略语，全称为National

① 柯平，吴志.《“SARS”与“非典”》.《中国语文》2003年6月.

Basketball Association，意为“（美国）全国篮球协会”。例中的用法只能说是偶然借用，在汉语中难以存留。例 28 的 VS 是 Versus 的缩略写法。

例 42 是一则广告，先标出英文，后出现译文。将 Sydney 译为“雪梨”，虽说不错，但中国大陆已定名为“悉尼”（见《辞海》1976 页及 2170 页），还是以从众为好。例中的“克隆”为音译，也有人写作“客隆”。《现代汉语词典》已作为新词收入该书 1707 页，作“克隆”。

第五阶段的语文转向，除了汉语本体实现了词语“大换血”，在语言应用方面的空前突破是实现了汉字信息处理，也就是用电子计算机来处理汉字。

电子计算机又译为“电脑”，发明于 20 世纪 40 年代，最初的功能是用于复杂的数值运算，为科学计算服务。随着它的硬件、软件的不断改进，它的功能进一步扩大，由数字处理发展为语言文字的信息处理。但电脑是为处理西文而设计的，汉字如何输入电脑，电脑如何中文化，这是一大难题。不解决这一难题，中国人就很难进入信息时代。经过计算机专家和语言文字学家的努力，1979 年 8 月北京大学成功地研制了计算机汉字编辑排版系统的主体工程。此后，全国各地研究汉字编码的人员各显神通，提出了上千种编码方案，呈现“万码奔腾”的局面。不同的方案针对汉字键盘输入这一难题提出了不同的解决思路，但是基本不外乎形码和音码两大类。形码根据汉字形体编码，按一定的编码规则键入汉字，其中五笔字型编码法产生过很大的影响。音码以《汉语拼音方案》为根据，但根本不认识这个字或一口方言，输入就很困难了。在目前这种情况下，形码与音码各有存在的理由。

汉字信息化也适应了以因特网（Internet）为核心的信息技术革命的要求，从网上获取中文资料，用中文上网，用中文发送“伊妹儿”（E-mail，电子函件或译为电子邮件）。每一个有家庭电脑的人，能上网的人，都可以建立自己的“个人主页”，有自己的“网址”，成为“网民”，还可以发展自己的“网友”。街头还有“网吧”，制造了不少“网迷”“网虫”，还有所谓的“网恋”“网婚”“网络同居”，甚至还产生了“网络语言”。[①] 2003年11月16日《北京青年报》B1版有这样一个例子：

> 蓝蓝天上白云飘，白云下面青青草，老公美眉打网球，我和大树相依靠。

“美眉”就属于“网络语言”。据说：“妹妹，简作MM，再回转为美眉，指漂亮女性。”11月28日《北京青年报》C5：“驴友圈更趋向于纯朋友圈子，只是由于这种旅游中的友情让他们相聚在一起。”什么叫“驴友”？“驴友是网友们对旅游爱好者的昵称”。网络语言将给汉语的发展带来什么样的影响，对年轻一代的语文水平带来什么样的影响，这是很值得研究的大问题。

随着“英语热”的兴起，随着网上写作的兴起，汉语写作能力的低下已引起许多人的关注。2000年12月27日《北京青年报》第16版有一篇《北京青年的尴尬事，外语流利中文笨拙》。文章说：

---

① 周日安.《简论网络语言》.《语言科学》2003年7月，第2卷，第4期.

> “我怎么也没有想到，自己的外企梦竟栽在汉语上。”北京某著名大学的小×懊恼地说。据了解，在日前举办的各种招聘会中，屡屡有学生虽然说得一口流利标准的英语，却因中文能力不佳被外企拒之门外。
>
> 在应聘考试中，大学生写的字不仅歪歪扭扭，而且一篇千字文中错别字就有十多个，跟同学一块去爬山写成“趴山”，软件升级写成“生级”，晋祠三绝的宋柏唐槐读成“宋柏唐鬼”等，甚至还闹出许多汉字不会写，只好用英文代替的尴尬局面。

2001年9月6日《中国教育报》有一篇文章的题目是《〈写作〉与“母语危机”》。作者一开头就说：

> 一个离校后的硕士研究生毕业生，怀着激动的心情给他的导师写了一封信，感谢导师在校期间对他的培养，使他有了今天。洋洋洒洒不足千字，竟有几十处语病与错误。几十年来的重理轻文，对写作的不重视造成了写作基础、能力的匮乏以及观念上的偏差，使中国人的写作水平不容乐观。

盈按：其实这段文字本身就有毛病。以上两例报道谈的是具体人具体事，下面两篇文章中谈到的现象涉及宏观评价。二文均见《北京青年报》2003年11月13日的B5版。一篇是北京青年报社长张延平写的《聆听作家的即席发言》，其中有一段文字是：

当今信息时代，网络为公民的自由表达提供了无限广阔的空间。有人形容说，网络造就了一个沸沸扬扬的“网民时代”，形形色色的“网民”赤膊上阵，与传统的职业作家、艺术家、学者展开“言论竞赛”。就言论的发育与表达的权利而言，这当然是一件好事，而且其中一些佼佼者已脱颖而出进入作家行列。但也必须看到，“言论竞赛”有如洪水泛滥，信息极大丰富的同时也太过随意而琐碎，令人真假莫辨，无所适从。

另一篇是潘多拉的《网民时代的言论竞赛》。作者谈到的情况更值得语言学家注意：

的确，正如我们很多人都感受到的，网民时代的言论是自由的，庸常的，粗野的，无序的，泥沙俱下，铺天盖地，一些在传统的媒体时代很难有出头之日的普通读者、业余作者、自由撰稿人和寂寞写手，现在往往一夜之间就可以成为“作家”，其言论或者一转眼工夫就传遍大江南北，让成千上万人交口称赞或鸣鼓攻击，或者甫一问世就沦为信息垃圾而无人问津。……

据说曾有作家将自己的文章贬为“是名副其实的垃圾”，说自己“绝不希望有人能从中看出什么道理”……

信息“有如洪水泛滥”，“沦为信息垃圾”，这是20世纪90年代以来就面临的语文灾难。如果说，第四阶段人们患有“失语症”，那么现在则普遍染上了“多语症”。“雕章琢句”的语文传统，“惜墨如金”的写作态度，“推敲”的语文精神，不仅在网络上失传了，在高等学校，在学术界，同样失传了。“泥沙俱下，铺天盖地”，“黄茅白苇，极目雷同”。句子不通，文理不通，用词不当，在学术界也随处可见。有的学人的文章“让读者不知所云”，连他“自己都不知他在说什么”，以致读者呼吁“让语言还原为语言”。[①] 上海一位散文家明明把“致仕”用错了，经人指出后，不仅不怀感激之情，承认错误，纠正错误，反而理直气壮地辩解说：“我并不是在文章中讲解某个古代术语，而是在用现代话语写现代散文，因此必须服从现代规则。”“现代规则”是什么？是“‘致’字的常见含义是达到、给予”。不幸，这位先生应了“欲盖弥彰”这个成语。就算你对“致”的解释是符合了“现代规则”，那么“仕”是现代词吗？从《新华字典》到《现代汉语词典》都告诉你：“仕旧称（指）做官”。这也是古代词，并非“现代汉语”呀！何况“致仕”是古代汉语中的常用词，从未发生歧解。而且你的原文“大量中国古代知识分子一生最重要的现实遭遇和实践行为便是争取科举、致仕……”，不就是在拿古人说事吗。你误用了“早已不用的古语”是因为你犯了以今释古的毛病。语言具有时代性、社会性，任何辩解都是徒劳的。韩愈《送孟东野序》对魏晋文学的批评缺乏分析态度，可他说的那段话对今人还是有借鉴意义的。

其下魏晋氏，鸣者不及于古，然亦未尝绝也。就其

① 王玉霞.《让语言还原为语言》.《中国图书商报·书评周刊》2002年7月11日.

善鸣者，其声清以浮，其节数以急，其词淫以哀，其志驰以肆；其为言也，乱杂而无章。将天丑其德莫之顾耶？何为乎不鸣其善鸣者也？

有一个问题值得我们沉思，为什么有的写家热衷于写作“名副其实的垃圾”呢？为什么一些文字粗鄙的下等读物能充斥市场呢？

应该说，有什么样的读者群就会制造出什么样的作者群。现在的图书市场机制受制于文化低下思想浅薄的读者群。正是这样的读者群培养了大批“垃圾”写家，“垃圾”写家又顺应了这样的读者群。

当然，我们也要注意事情的另一面。目前的“言论竞赛”“多语症”虽有“洪水泛滥”之势，比之“万马齐喑”“言者有罪”的年代毕竟顺乎潮流合乎民情，语文转向是千千万万人的日常活动，“泥沙俱下”是正常的。至于何时能出现“鸣其善鸣者”，何时能出现新时期的语言大师，出现现代汉语的经典作品，不能着急，至少得几代人的积累，应以百年为期。

进入新时期才20多年的时间，汉字信息化、标准化、统一化，成绩卓著，费锦昌主编的《中国语文现代化百年记事》（1892—1995）记录在册，如：

1981年，国家标准局公布实施《信息交换用汉字编码字符集·基本集》（GB 2312—80），随后获得国际标准化组织承认。

1982年，国际标准化组织（ISO）规定拼写汉语以《汉语拼音方案》为标准，公布了ISO_7098《文献工作——中文罗马字母拼写法》。

1983 年，台湾省公布《通用汉字标准交换码》《全汉字标准交换码》。

1985 年，国家标准局发布《信息交换用汉字 24×24 点阵字模集》（GB 5007. 1—85），《信息交换用汉字 15×16 点阵字模集》（GB 5199. 1—85）。

1986 年，国家标准局发布《信息交换用汉字 32×32 点阵字模数据集》（GB 6345. 2—86）。

1988 年，《现代汉语常用字表》《现代汉语通用字表》先后发表。

1990 年，出版了《汉语水平考试》（HSK）。

20 多年来，汉语的国际地位也有所提升。当今世界上使用汉语的人，数量最多，汉语也是联合国六种工作语言的一种，汉语热也随着中国经济的持续增长而不断升温。2002 年中新网北京 9 月 2 日消息：来自北京语言大学的消息，截止到今年 8 月，参加汉语水平考试（HSK）的外国考生突破 40 万人次，今年秋季 HSK 考试中心还将首次在美国纽约设立考点。

据《中国青年报》报道，目前国内有 300 余所院校、5000 名教师从事对外汉语教学，在校留学生 6 万多名，世界各国专门学习汉语的外国人 2500 万人。

截止到去年 12 月底，HSK 考试中心已在国内的 27 个城市设立了 40 个考点，在亚、欧、美洲和大洋洲的 24 个国家设立了 55 个考点，考生分布在全世界 120 多个国家，去年国内考点参考学生比上年增长 40%。

2002 年中新网 10 月 11 日电　随着中国申奥成功、加入世界贸易组织以及经济持续增长，一股“汉语热”开始在世界范围内兴起。现在全世界有85个国家的2000多所大学在教授中文，另有不计其数的中小学、社会办学机构也在进行中文教育，学习中文的人数约有2500万人。于是有资格向外籍人士教授汉语的对外汉语教师正日益抢手。

2003年中新网12月29日电　据《广州日报》报道，中国教育部副部长章新胜28日在广州指出，“现在海外有2000万人在学汉语，我们的目标是五年内使1亿人学汉语”。

当然，汉语与英语相比，仍然不算强势语言。不过，从前景来看，汉语的国际地位将会进一步提升。面对多元化的世界文化格局，汉语应保持自己的独立性、开放性，提高自己的竞争能力。任何一个中国人都没有理由轻视自己的母语，对母语抱自卑心理，有碍于中华民族的崛起。放眼未来，英语不可能永远称霸世界。自有生民以来，还没有任何一种语言，可以永远称霸世界！汉语的尊严，汉语的竞争能力，要靠我们自己去维护去发展。

叁、现代汉语书面语系统的三个来源

现代汉语书面语系统有三个来源。

首要来源是以北方方言为基础的口头语，其次是百余年来的翻译文本，再次是两千多年来的古汉语文本。三大来源构成了一个有弹性的统一体。这个统一体基本上是稳定的，但它是个动态结构。除了古汉语成分是个不能再发展的封闭系统之外，口语和翻译都随着社会的发展而发展。由于个人文化修养不同，阅读经验不同，古典训练、外语训练不同，专业语境不同，个人书面语的口语化的程度，文白结合情况，“欧化”情况，会有某些差异。这也是汉语书面语富有弹性的表现。

我们在这里并不是要探讨三个成分的具体构成情况，更不是要对这些成分进行计量研究。我们要讨论的是：应如何正确对待这三种成分。也就是为了汉语书面语系统健康地发展，我们应该如何对待口语，如何对待翻译文体，如何对待文言文，要取一个正确的态度，要有一个正确的认识。

关于口语和现代书面语的关系，我在本书的另一篇文章《普通话的发展历史》中还会谈到，而且人们在思想上不存在什么分歧。应当注意的问题只有一个：不宜在书面语中滥用方言土语。这是规范化的问题，在此不必讨论。而如何看待翻译文体的功过，如何看待文言文的功过，分歧很大，且由来已久。下面我们就对这两个问题，分别进行讨论。

一、翻译和现代书面语的关系

2000年8月上海辞书出版社出版的《辞海新知》第7辑以“翻译时代”为专题发表了一组文章。其中有余斌的《翻译文体与现代汉语书面语》、丁耘的《走出翻译时代》。《编者按》提示有两种对立的观点：

> 随着西风东渐，随着大量翻译作品涌入，翻译文体又是如何影响着现代汉语书面语的形式？如果说，我们的思维结构、现代汉语都打上了西方模式的烙印，要摆脱西方文化殖民的唯一途径似乎只有从回到古汉语做起？或者说，根本就不存在文化殖民，我们在翻译的过

程中已经形成了民族的新的思想及表达文体？

二者的分歧在于翻译对现代汉语书面语的影响究竟是积极的还是消极的。按前者的观点，翻译只是“话语殖民”。按后者的观点，翻译促进了现代汉语新思想新文体的形成。我们先不谈这种分歧，我们先说“翻译时代”这个词语的意思。

“翻译时代”原本就是带有贬义的词语。《辞海新知》的编者是把它当中性词来用的。我国著名新闻工作者张剑慧（1904—1970）在他的《辰子说林》一书中记载了这样一件事：

> 时在民国纪元前七八年，上海有刊物名《翻译世界》者出版，于申新各报遍刊广告，充塞若干日本名词，大抵用之不甚惬当，最怪谬者，则告白之首大书曰：“二十世纪之支那，一翻译之时代也！”
>
> 任公述此事已，斥之曰：“时为1902年，20世纪之全期尚有92年（盈按：这个时间与上文1902年对不上，疑有误），使此92年间，中国仅得为翻译之时代，中国之学术之前途尚可问耶？”①

张剑慧谈完这个故事后，发了一通感慨。说：“任公死已十年矣，今为1941年，去任公发牢骚之日（原注：1902年）又39年矣，中国之翻译事业虽有进步，而中国至今不能脱出翻译之时代，此《翻译世界》之谈言微中，而任公之所悲也，将何以慰此

① 《辰子说林》. 10、11页，上海书店出版社，1997.

一代学人于地下耶？"

"翻译时代"，意味着中国学术只输入不输出。对此，中国学者一直很不甘心。我们的汉语语境何时摆脱"追星一族"的地位，摆脱"智力殖民地"的地位，在国际范围内掌握自己的话语权，何时能由"话在说我"而变为"我在说话"，这是学者们的"心病"。

1942年，哲学家陈康在《巴曼尼德斯篇》（古希腊哲学家柏拉图著）中译本序言中说：

> 现在或将来如若这个编译会（指贺麟主持的西洋哲学名著编译会）里的产品也能使欧美的专门学者以不通中文为恨（原注：这绝非原则上不可能的事，成否只在人为！）甚至因此欲学习中文，那时中国人在学术方面的能力始真正的昭著于全世界；否则，不外乎是往雅典去表现武艺，往斯巴达去表现悲剧，无人可与之竞争，因此也表现不出自己超过他人的特长来。[①]

陈康这番话与梁启超的斥"翻译时代"，情结是一样的。他们的共同愿望都是中国要有自己的独立的学术，中国学术要走向世界，与我们现在说的"翻译时代"内容不完全一样。从1902年说的"翻译时代"到2000年丁耘的《走出翻译时代》，百年间，中国的学术一直是"翻译学术"。[②] 丁耘在另一篇文章《知其不可译而译之》中说："在相当长的一段时期内，中国学术的主

---

① 柏拉图．陈康，译注．《巴曼尼得斯篇》．10页，商务印书馆，1999.

② 丁耘．《知其不可译而译之》．《读书》2001年9期．

流在形态上仍将是一种‘翻译学术’。”这是一种冷静的实事求是的估计。这是从学术层面来看“翻译时代”的。现在的分歧是如何看待翻译与现代汉语书面语的关系。丁耘认为：

> 现代汉语，按照它从印欧语系偷运而来的语法塑造自身，从而将以之为母语的“现代学术思想”拖入了半吊子的逻各斯中心主义之中。这是我们仍然身处的翻译时代的最重要特征：通过翻译，一种语言不知不觉地丢失了自己。①

汉语“丢失了”什么呢？“丢失了”“汉语中原先蕴藏着伟大的思想传统”。“这就叫话语殖民。”因此，丁耘认为：“我们身处的这个翻译时代远未终结，而能够守护思想的、真正的现代汉语也尚未到来。”

既然我们的现代汉语还不是“真正的”，那么从 1862 年以来的“欧化”历史也就成了“话语殖民”的历史。现代汉语的语法是“语法殖民”，现代汉语的基本语词是“名相殖民”。现代汉语跟古代语法的关系是“断裂”的。这样一来，我们说的三个来源就只变成了“殖民”二字。请看丁耘下面这段话。

> 翻译时代的语言断裂不仅体现为至关紧要然而难以觉察的语法殖民，而且体现为以意义覆盖的形式出现的名相殖民。这在西学东渐以来的翻译中有着清晰的证据。现代汉语思想名相的确立，使一些粗通汉学的日本

① 丁耘.《走出翻译时代》.《辞海新知》第七辑，34 页，上海辞书出版社，2001.

> 人用汉语翻译的西学概念大行于世，并逐渐渗于现代汉语的血脉之中，成为以现代汉语为母语的中国人进行思想的主要语汇……这一工作导致了对古汉语思想名相的全面覆盖、整体遮蔽与最终歪曲。[①]

所谓“西学概念”，清末叫“新名词”“新学语”。从中国现代化一开始，语文转向一发生，如何看待“新名词”的问题就提出来了。从那时候到现在，这种争论就没有停止过。

1903年清政府制定的《学务纲要》就有一条规定：

> 戒袭用外国无谓名词，以存国文、端士风。凡通用名词，自不宜剿袭搀杂。日本各种名词，其古雅确当者固多，然其与中国文字不宜者，亦复不少。近日少年习气，每喜于文字间袭用外国名词谚语。如：团体、国魂、膨胀、舞台、代表等字，固欠雅驯，即牺牲、社会、影响、机关、组织、冲突、运动等字，虽皆中国所习见，而取义与中国旧解迥然不同，迂曲难晓。又如：报告、困难、配当、观念等字，意虽可解，然并非必需此字，而舍熟求生，徒令阅者解说参差，于办事亦多窒碍，此等字样，不胜枚举，可以类推。其实此类名词，在外国不过习俗沿用，并未尝自以为精理要言。今日日本通人所有著述文辞，凡用汉文者，皆极雅驯，仍系取材于中国经史子集之内，从未阑入

① 丁耘.《走出翻译时代》.《辞海新知》第七辑，34、35页，上海辞书出版社，2001.

> 此等字样。可见外国文体界限，本自有别，何得昧昧剿袭。大凡文字务求怪异之人，必系邪辟之士，文体既坏，士风因之。夫叙事述理，中国自有通用名词，何必拾人牙慧！又若外国文法，或虚实字义倒装，或叙说繁复曲折，令人费解，亦所当戒。倘中外文法参用杂糅，久之，必渐将中国文法字义尽行改变，恐中国之学术风教，亦将随以俱亡矣。此后官私文牍，一切著述，均宜留心检点，切勿任意效颦，有乖文体，且徒贻外人姗笑。如课本月记考试文卷内有此等字样，定从摈斥。①

《纲要》所反对的“外国无谓名词”，正是丁耘所说的“日本人用汉语翻译的西学概念”。一类是“欠雅驯”；一类是“与中国旧解不同”；一类是“非必需此字”。尤其是“不同”这一类，大概就属于丁耘所说的“歪曲”，是“现代汉语与古汉语之间存在着无可否认的断裂”。“外国文法”进入中文，就是丁耘所说的“从印欧语系偷运而来的语法塑造自身”。当年清代学部所担心的“必渐将中国文法字义尽行改变”，在丁耘看来，今日已成为事实。所以他说：“现代汉语本身既是这种断裂的产物，也强化、扩大了这种断裂。”②

“断裂”说似乎难以成立。汉语的核心词汇是相当稳定的，那些与旧解迥然不同的外来词，在一定时期之内，对某些上年岁的“国粹”来说，可能“迂曲难晓”。但这些词早就本土化、

① 《东方杂志》第三期，63、34页，甲辰（1904年3月）.

② 丁耘.《走出翻译时代》.《辞海新知》第七辑，32页，上海辞书出版社，2001.

合法化。它的今义与古义迥别，对阅读古书会造成一定理解上的困难，却也谈不上古今“断裂”。一则这类词数量有限，另外，利用文字训诂辞书释义也还是能求得正解而不会被“曲解”的。

新名词、新句法的产生，任何人都无法制止。即使真是“歪曲”，人力也难以全面制止。赵元任有一个观点值得注意。他说：“只有闭眼不看语言演变的事实才能守住旧传统始终不变的错误观念。语言是在变的：演变的最大的社会力量之一是中国人所说的‘习非成是’。错两次固然变不成正确，但是次数多了，什么错误都会变成正确。”[①]《学务纲要》的制定者张之洞，似乎根本不懂这个道理。他们要用行政手段“摈斥”那些用“外国名词”“外国文法”的“少年”，还要从道德上贬抑这些人为“邪辟之士”。这种“纠正”毫无效用。《学务纲要》和清代学部早已成为历史陈迹，而被他们反对的“外国名词”“外国文法”，已“活”了一百多年，看来还将健康地“活”下去。湖南人瞿兑之（1894—1973）写了一本《杶庐所闻录》，其中有“新名词”一条，记载了张之洞反对“新名词”的故事：

> 张文襄（1837—1909，张之洞谥文襄）虽主新政，而思想陈旧亦出人意表。其在鄂督任时（从1889年起，张之洞任湖广总督），公文不用新语，必苦思所以代之者。及入管学部（1903年张之洞奉命进京，主持制定《学堂章程》，人称“癸卯学制”），一日，稿中偶有新

① 《赵元任语言学论文集》. 839页，商务印书馆，2002.

名词。公批曰："新名词不可用。"部员某年少好事，戏夹签于内曰："'新名词'亦新名词，亦不可用。"次日更定上之，而忘去此签。公见而惭怒，竟日不语。遍翻古书，欲有以折之，卒不可得，乃霁颜谢焉。然当时新政皆自日本稗贩，而译者未谙西文原义，又不通古训，一概直袭，若文襄者，固未可厚非也。①

这条史料很有价值。在那个语文大转向的时代，年轻士大夫和年老士人夫在如何看待"新名词"的问题上态度显然有别。一方面是因为所接触的语境不同，语言习惯有别；另一方面是价值观取舍不同，这就牵涉到利益问题。新名词反映的是新观念、新思想，而未有新观念、新思想是不触动旧制度的。那些靠旧制度获取利益的人当然就要千方百计反对"新名词"。他们堂而皇之地打着"存国文、端士风"的大旗来号召群众，实际上"国文"的不长进、"士风"的败坏，该负责任的正是他们。伴随着语文转向而来的是士大夫作为社会文化角色的转向。语言塑造思想，语言也塑造新型的士大夫，语言也使旧式的古典的士大夫走向没落，这是不以个人意志为转移的。

这条材料还告诉我们，与其说是翻译文本（欧化名词，欧化语法）造成了现代汉语与古代汉语之间的"断裂"，不如说是翻译文本弥补了这个"断裂"。翻译文本在汉语的某些局部"断裂"的环节上，用"新名词""新文法"沟通了古今之间的联系。张之洞"遍翻古书"也不能取而代之、"有以折之"，这个细节包含

① 瞿兑之.《杶庐所闻录》. 8 页，辽宁教育出版社，1997.

着一个严峻的事实：现代化来自西方，现代化的话语体系也来自西方，从“古书”中怎么能“翻”出有关“现代化”的词语来呢？瞿兑之说他“思想陈旧”，这就是很好的例证。可张之洞总还算有点大臣气度，跟那些不学无术而又霸道的官僚相比，他能做到“霁颜谢焉”，就很不容易了。

“新名词”“新学语”也不可能十全十美。译者“未谙西文原义”，“又不通古训”，“直袭”误译都很难免，这是语言转向过程中难以避免的毛病，不可因此而对翻译文本全盘否定。

学部“戒袭用外国无谓名词”的规定，无疑会受到守旧派的拥护。但因为严重落后于时代，对汉语的发展有害无利，必然会遭到反对。1904 年在华美国传教士林乐知在《万国公报》188 册发表《新名词之辨惑》，1905 年时年 28 岁的王国维发表《论新学语之输入》，这两篇文章提出的观点或事实，可以帮助我们认识到：作为现代汉语来源之一的翻译文体曾经起过多么重要的作用，对现代汉语书面语的形成有何等重要的意义。

林乐知从 1860 年来中国，到 1904 年已有 40 多年了。他长期从事翻译、教学、办报等工作，对于“新名词”的重要性深有体会。他说：“翻译一事，其难不一。或有学业未精，不能通西国深奥之文义者。然即能译之，而此等深奥之文义，恒藉数名词以显，苟无相配之名词以为表宣，则亦必至穷于措辞。”[①] 没有“相配之名词”，这是很正常的。中西文化发展历史不同，社会风俗习惯不同，思维方式不同。“译书者适遇中国字繁富之一部分，或能敷用，偶有中国人素所未有之思想，其部分内之字必大缺

① 林乐知，范祎.《新名词之辨惑》.《万国公报文选》，679 页，三联书店，1998.

乏，无从迻译。”① 没有那个“思想”，当然也就没有那个词语。怎么办？“于是有数法：一以相近之声，模写其音”，这就是音译词；“一以相近之意，仿造其字”，这就是造新字，许多化学、物理名词，就是这样造出来的；“一以相近之义，撰合其文”。即制造新的复合词、词组、句子以表达原文的意思。这些新词的出现，“阅者未经深究，即难明晰，以其非熟习也”。② 所以“阅者”对这些不“熟习”的词，应重新学习，以适应时代需要。“然顽固之士夫，其眼目为科举场中禁用僻书之功令所印定，一见新名词，即若芒刺之入眶。其守旧拘墟之态，诚令人莫解其故也。如‘社会’二字，以指人群之有团结，有秩序者，虽日本之新名词，而用者既已普通，乃犹有訾议之人。不知舍此二字，尚有应用之何等字样可吻合于西文之 Social 也。其他‘目的’‘问题’‘方针’之属，无关理致，而亦必逢迂儒之怒。”③

林乐知拿汉字与英文进行比较，其结论是：“试观英文之大字林，科学分门，合之其名词不下二十万，而中国之字不过六万有奇，是较少于英文十四万也。”④ 这个计算法不科学，汉字实际的有效使用量不到六万，但汉字是单字，可以进行多次组合，产生出双音词、多音词。拿单个汉字无法与英文相比，不是一个层面。林乐知说：“余前与傅兰雅先生同译书于制造局，计为中国

① 林乐知，范祎.《新名词之辨惑》.《万国公报文选》，679 页，三联书店，1998.
② 同上.
③ 同上书，680 页.
④ 同上书，679 页.

新添之字与名词，已不啻一万有奇矣。”[①] 这个数目是非常惊人的。制造局制造的武器并没有挽救中国的危亡，而制造局制造出的新汉字、新名词却为汉语增添了新的血液。汉语的命脉不断，汉语的现代转向，早期的传教士和他们的中国助手是有功的。可惜我们至今还无人研究，傅兰雅、林乐知等人究竟“为中国新添”了一些什么样的“字与名词”。谁能以此作为博士论文题目，其成绩必有可观者。

在《辨惑》一文中，林乐知要“辨”的“惑”就是清末的“迂儒”和“顽固之士夫”的保守主义。他提出了“言语文字大释放”的理论。所谓的“释放”，大抵相当于我们现在所说的“改革开放”“思想解放”。他说：“夫在西国，不但人之道德学问事业日有进步也，即言语文字亦大得释放，而有进步之奇效。故西国之初，其文字不能多于中国之六万。惟以人得释放之故，新理、新法、新事、新物渐有发现，即其新名词以渐加入字林之间，几于无日无之，至有今日之二十万，而犹未已也，非造字者一造即二十万也。今中国之人，以造字之权力，让之古圣先王，后人不许杜撰一字，亦不许自著一新名词，必稽诸陈旧之经典，方为雅驯。然则中国之以不释放而贫，不惟藏于地中者，即其六万之字数，已可知之矣。”[②] 这段引文的最后几句话虽不确，而他强调一个社会应开放，这个道理是对的。社会开放，“日有进步”，语言必然加速发展，新名词“几于无日无之”。反对新名词，保守“陈旧之经典”，这个社会还有什么希望，这种语言还

① 林乐知．范祎．《新名词之辨惑》．《万国公报文选》，679页，三联书店，1998.

② 林乐知，范祎．《新名词之辨惑》．《万国公报文选》，679、680页，三联书店，1998.

有什么活力！1904年，林乐知就指出：“故余之论中国也，千条万绪，而归结必在于释放。人心不可不释放，风俗不可不释放，政治不可不释放。即至文字语言，亦不可不释放。释放而有改革，改革而后长进。……新天新地，新人新物，莫不由释放而来。岂惟关系于新名词哉！”[①]

这样说来，对待“新名词”的态度如何，关系到对思想解放、改革创新、与时俱进、对语言要有民主意识等一系列问题的看法。读一读林乐知这篇《辨惑》，不难发现，“汉语殖民”的说法有重新认识的必要。

王国维《论新学语之输入》，从“输入”的必要性这一点上肯定了“新学语”的价值。

这种必要性是由于中西文化不同，“国民之性质”不同，“思想所造之处”不同，因而“其言语或繁于此而简于彼，或精于甲而疏于乙”。对于我们中国来说，凡“简”凡“疏”之处就有从异国“输入”的必要了。“西洋人之特质，思辨的也，科学的也，长于抽象而精于分类，对世界一切有形无形之事物，无往而不用综括（Generalization）及分析（Specification）之二法，故言语之多，自然之理也。”“故我中国有辩论而无名学，有文学而无文法，足以见抽象与分类二者，皆我国人之所不长，而我国学术尚未达自觉（Self-consciousness）之地位也。况于我国夙无之学，言语之不足用，岂待论哉。”“事物之无名者，实不便于吾人之思索，故我国学术而欲进步乎，则在闭关独立之时代犹不得不造新

① 林乐知，范祎.《新名词之辨惑》.《万国公报文选》，680、681页，三联书店，1998.

名，况西洋之学术骎骎而入中国，则言语之不足用固自然之势也。”[①]

王国维论证了“新学语”与现代学术的关系。中国百余年来的现代学术，如果没有“新学语”，根本就建立不起来。一个“新学语”的输入，往往就意味着一门新学术的兴起。如“哲学”“逻辑”“综括”“分析”“绝对”“相对”“演绎”“唯心”“唯物”“法则”“规律”“经济”“科学”“民主”“文化”“人文”等，不胜枚举。

对于从日本输入新名词，中国士大夫也颇为不满。王国维和林乐知一样，都赞成借日译新名词而用之。林乐知说：“由是以谭，中国今日于译书之中，苦名词之枯窘而借日本所已译者用之，正如英文借德文法文之比例。且日本之文，原祖中国，其译书则先于中国。彼等已几费酌度而后定此新名词，劳逸之分，亦已悬殊，何乐而不为乎?”[②] 王国维也说：“且日人之定名亦非苟焉而已，经专门数十家之考究，数十年之改正，以有今日者也。窃谓节取日人之译语，有数便焉：因袭之易，不如创造之难，一也；两国学术有交通之便，无扞格之虞，二也。（原注：叔本华讥德国学者于一切学语不用拉丁语，而用本国语，谓“如英法学者亦如德人之愚，则吾侪学一专门之学语，必学四五度而后可”。其言颇可味也）有此二便，而无二难，又何嫌何疑而不用哉！”[③]

① 王国维.《论新学语之输入》. 徐洪兴编选《王国维文选》，82、83 页，上海远东出版社，1997.

② 林乐知，范祎.《新名词之辨惑》.《万国公报文选》，680 页，三联书店，1998.

③ 王国维.《论新学语之输入》. 徐洪兴编选《王国维文选》，84 页，上海远东出版社，1997.

中日甲午战争之后，中国士大夫对日本这个邻国的心情很复杂。许多年轻人涌向日本，学习这个敌国走向现代化的经验，大量新词语由他们输入中国。而另一些人则仍然藐视日本，心存戒惧，站在捍卫传统和民族主义的立场上，抵制来自日本的新词语，鄙视新词语的输入，这是可以理解的。但这种行为是极不明智的。语言虽有民族性，而由语言负载的思想、知识、科学是无国界的，是人类共同的财富。拒绝新词语，在很大程度上就是拒绝新思想，拒绝新知识，拒绝新科学。如果说这就是爱国家、爱民族，其结果适足以毁灭国家、毁灭民族。何况语言本身从来都不是“纯种”，“杂交”乃是语言得以丰富、不断增加新鲜活力的重要保证。汉唐佛经翻译带给汉语莫大的好处，已有很多人进行过研究论证。近一百多年来的翻译又成为现代汉语书面语的重要组成部分，这已经是无可辩驳的事实，而面对事实，有人还是不敢承认。

中国百多年来语文转向的五个阶段，并不是每个阶段都有新名词之争，争议最多的是第二阶段与第五阶段。

第一阶段，也就是洋务运动时期，也产生了不少新词语，但那时候的新词语多为科学技术一类的，而且那个时候的文言文，地位还比较稳定，经学体系还没有受到严重冲击，新词语在社会学科、人文学科内没有什么影响。“新名词”还不成气候，争议自然也就不多。即使有争议也是具体词语该如何译的问题。第二阶段就不同了。外有新学术的输入，内有新学派的兴起。报刊杂志，翻译书籍，大力鼓吹新学，而掌权的各级官吏与教育界的头面人物多为旧式文人，多为举人进士出身，他们有权力也有能力反对新名词，极尽讽刺挖苦之能事。但新名词与新学术、新思想结合在一起，又为新少年、新青年所喜爱，到了第三阶段，这批少年、青年成了学术界、教育界、文化界的栋梁之材，新名词也就通过他们之手、经过他们之口落地生根了。“德高望重”的反对者渐渐凋谢，“新名词”经过几十年的归化也成了老名词，如果不是专门研究“新名词”的人，“五四”以后成长起来的人，谁还知道“民主”“代表”“社会”等曾经是很有争议的“新名词”呢。第四阶段的话语体系基本上是封闭状态，与西方“失去了联系”，几乎不存在“新名词”之争。这个阶段当然也有好多“新名词”，绝大部分是以公文形式下达的，是制度化的产物，不可争也无人争。第五阶段情况就大不同了。封闭了几十年的国门一旦向西方大开，原来西方科学技术及文化学术发生了那么大的变化，为了跟国际“接轨”，我们不能不进入全球化的语境，新名词又一次大量输入，为汉语书面语系统增添了新的内容。“据国家语委语言文字应用研究所的调查，当代汉语中每年出现1000个左右的语文新词语。”① 新时期的新词语不全是翻译过来的，但翻译仍是新词语产生的重要来源。新名词不可能都符合汉语习惯，也不可能都正确。于是，各种义正词严的讨伐文字累见于报刊杂志。有所谓“洋味中文”“假洋鬼子文章”“浜泾洋的英美式文字”。②还有所谓“汉语殖民地化”“汉语自我次殖民化”。后一种说法的解释是：“因为它并不是殖民主义势力强加于我们头上的，而是国人之中有一部分人崇洋心理所造成的自觉的行为，

① 见《北京青年报》2002年4月10日第26版.

② 王蒙.《八十年来家与国》.《中国图书商报书评周刊》，2001，12、20页。王蒙对“浜泾洋”的解释：“即洋泾浜的反面，洋味中文。”

把它称之为‘自我殖民地化’也许更恰如其分一些。”① 这些批评当然都是有意义的，的确值得注意，但新时期的翻译文本、新名词，仍是汉语书面语的重要来源。

我们还回到《辞海新知》关于“翻译时代”的讨论。其中有些观点是值得提出来向读者推荐的。如许均认为：“我们现在通常所指的翻译，就是语际翻译。不同民族语言文化之间的交流，是一种需要。任何一个民族想发展，必须走出封闭的自我，不管你的文化有多么辉煌，多么伟大，都不可避免地要与其他文化进行交流，在不断碰撞中，甚至冲突中，渐渐相互理解，相互交融。在这个意义上，翻译又是民族文化在空间上的一种拓展，在内涵上的一种丰富。”② 汪堂家认为：“19 世纪后，随着大量翻译作品的出现，以及白话文运动的开展，汉语经历了结构性调整。不仅大量的词汇进入了汉语从而丰富了中国人的语言、思想与生活，而且词义的界定更为清楚，句子的结构更加适合于作逻辑推理和理论论证。这无疑为科学、文化的普及和学术研究提供了便利。由于大量翻译家和语言学家的努力，汉语渐渐走向了理性发展的道路。”③

余斌探讨了“翻译文体与现代汉语书面语乃至‘最好的中国文学语言’之间有何关系”。他认为：“现代汉语书面语是在白话

---

① 董乐山.《再论汉语的自我次殖民化》.《中外论坛》（双月刊），1996 年第 2 期。董乐山曾于 1994 年 4 月在《读书》发表《汉语的自我次殖民地化》。盈按：王蒙、董乐山二位先生对“洋味中文”，对“普遍存在的崇洋、崇港、崇台”的心理提出批评，是完全正确的。我们在高度重视这种批评的同时，也要高度重视“新名词”大量产生的必然性。这是两个不同性质的问题，要正确区分.

② 许均.《绕不过的翻译问题》.《辞海新知》第七辑，7 页，上海辞书出版社，2001.

③ 汪堂家.《可译性，不可译性与思维模式的转换》.《辞海新知》第七辑，12、13 页，上海辞书出版社，2001.

文运动之后开始形成，在此之前，汉语书面语的标准形式是文言文。如果可以把现代汉语的形成形容为一个‘无中生有’的过程，那么在此过程中，翻译家创造的翻译文体可说是扮演了非常吃重的角色。最乐于捍卫汉语纯洁性的人也会承认，现代汉语书面语形成的一个重要方面是欧化，而翻译文体恰恰构成了白话文欧化的至关重要的环节。”①

我在这里摘引许、汪、余这三家的意见，是要展示学术界关于翻译和汉语书面语关系的看法究竟如何。应该说，他们的看法反映了事实的真相，也代表了多数人的观点。我们在这里不是要评论个别翻译家和翻译文本的水平如何。百余年来，不论哪个阶段都有劣质翻译，歪曲原意的翻译，文理不通的翻译，现在尤为突出。但这些无损于翻译、欧化在现代汉语书面语形成过程中所起过的伟大作用。不好的翻译，过头的欧化是不会有生命力的，即使不加以抨击，也是要自行消亡的。事实已充分证明：汉语具有很强的自我调节、自我净化的能力。

由翻译我进而想到英汉词典和各种不同的双语词典。这些词典编撰者对现代汉语的发展有无贡献呢？有哪些贡献呢？人们几乎很少注意到此。有一位翻译工作者根据切身体验很动情地说：英汉词典是“我的衣食父母”。因为，“现代汉语是一门年轻的、生机勃勃的语言，充满了命名的诱惑力，而英汉词典的最大贡献之一，便是命名——不是释义那么简单。试想想，我们现在使用的汉语词汇、概念以至我们的思想，有多少是英汉词典直接和间

① 余斌.《翻译文体与现代汉语书面语》.《辞海新知》第七辑，23页，上海辞书出版社，2001.

接赐予的，尤其是我们多少作家通过阅读那些借助英汉词典翻译过来的外国文学作品，接受影响和养分，再把这些影响和养分注入他们创作的汉语中。如果说《现代汉语词典》规划了现代汉语，那么英汉词典就是开采，创造和输送现代汉语，是现代汉语的主要集散地。如果我们把现代汉语和现代汉语写作中属于英汉词典的贡献的那部分抽掉，现代汉语和现代汉语写作也将斑斑点点，布满漏洞”。所以，“词典尤其是英汉词典，也是任何一位以现代汉语为其命运的写作者的衣食父母，无论他们是否想到或知道这点，也无论他们是否常怀感恩之情”。[①]

中文词典、辞书在汉语发展中的巨大作用，从古以来就受到高度评价，而双语词典尤其是英汉词典对汉语发展的重大意义，我们的确认识不足。

二、文言和现代书面语的关系

从过去到现在都有这样的看法：文言和白话是二元对立的关系。而我们说文言也是现代汉语书面语的来源之一，这不是与通常的看法相左吗？为此，我们可以做一些调查，看看文言在现代书面语中究竟处于什么样的地位。我找了两篇作品来分析。一篇是鲁迅（1881—1936）的《从胡须说到牙齿》，[②] 另一篇是沈从文（1902—1988）的《市集》。[③] 这两篇文章均写于1925年。

鲁迅这篇文言成分多些。字、词、句子、文言的固定格式都有。下面按这些成分在文中出现的先后列举一些例子：

---

① 黄灿然.《我的衣食父母》.《读书》2001. 5.

② 《鲁迅全集》. 第一卷《坟》，333页，人民文学出版社，1956.

③ 《20世纪中外散文经典》《上》. 424页，时代文艺出版社，1997.

每况愈下/束发小生/防微杜渐/讳言下体/讳之始/则昉于……/文人墨客/背道而驰/心心相印/幸勿误会/传之其人/遥想/呜呼/无病呻吟/无法可医/平居无事/待到慨言于“头颅谁斫”，“髀肉（又说下去了，尚希绅士淑女恕之）复生”的时候/艳羡/肇祸/白发数茎/揽镜慨然/淡然若忘/无所容心于其间/天夺其魄/越俎代谋/为大雅所不齿/闲情别致/先行肉薄……目睹门牙无恙/昊天不吊/曰/贵不可言/穷乡僻壤/并非故意和……正人君子们立异/欲罢不能/有所谓“西法……”也者/日日食之，神效/如此者久而久之/所谓“齿垽”（盈按：垽字见《说文·土部》，音 yìn。齿垽即牙垢）/触目惊心/切肤之痛/然而岂但没有而已么/古衣冠/自此以来，相承不废/秉政者/维新者出则西装而鞠躬，尊古者兴则古装而顿首（盈按：很工整的对仗）/执事者，将所谓“帛”或“爵”递给鞠躬或顿首之诸公的听差之谓也/而无如……何/斤斤于“无故”之辩/舞文玩法

这些文言成分，有的现在还用，已与白话融为一体；也有些成分，与文言接触少的人读起来就费力了，其中有的是典故，更不好懂。鲁迅读古书多，运用文言的技巧很高，往往随手拈来，不露痕迹。有的涉笔成趣，将原意稍加改变，贴切自然。如“贵不可言”，见《史记·淮阴侯列传》。原意指高贵，就权力地位而言。鲁迅说的“贵”乃指价格昂贵。还有些文白融合的句子也很能投合当时文人的脾胃。如：“而无如门牙，只有这几个，而且早经脱落何?”“无如……何”乃文言中的固定结构，“只有这几

个”乃大白话。这样的句子，现在的年轻人就很难造得出来了。当然，也不必提倡。

沈从文发表《市集》时，只有23岁。他的古典训练显然不能与鲁迅相比，可从这篇小文章也能看出他的文言功底还是比现在的小说家强得多。请看《市集》开头的那段文字：

> 廉纤的毛毛细雨，在天气还没有大变以前欲雪未能的时节，还是霏霏微微落将下来。一个小小乡场，位置在又高又陡斜的山脚下，前面濒着躴躴儿的河，被如烟如雾雨丝织成的帘幕，一起把它笼罩着了。

开口就是文言字眼。用“廉纤”形容细雨，不见于口语，而见于古诗。韩愈《晚雨》：“廉纤晚雨不能晴”。黄庭坚《次韵赏梅》：“小雨廉纤洗暗妆。”

“霏霏微微”也是文言，形容细雨蒙蒙的样子。它是“霏微”的扩展。柳宗元《为王京兆贺雨表》之一：“霏微四施。”其他如“濒”“帘幕”也都来自文言。“躴（léng）”不知是否为文言词，但《玉篇》已有这个字，本意为形容身体瘦小，这里用来形容小河。《市集》其他段还有一些文言词语，如：“丰姿隽逸”“妒羡”“娟媚”等。

文言作为现代汉语书面语的来源之一，弹性相当大。它可以是生成性的关系，也可以是养成性的关系。

所谓生成性的关系是指许多文言成分本来就一直存在于文学语言之中，代代相传，经久不衰。如：“心心相印”“无病呻吟”“人所不齿”“闲情逸致”“穷乡僻壤”“久而久之”“触目惊心”

“斤斤计较”“莫名其妙”“请勿吸烟”“岂有此理”“鞠躬尽瘁”“肇祸”“绅士”“鞠躬”“顿首”“君子”等，古今虽然有别，但无古不成今，“今”是由“古”发展而来的，这种渊源关系是生成性的，而且通过汉字，巩固和加强了二者之间的关系。古今汉语的书写形式都是汉字。尽管汉字的读音古今变化很大，字意字形也有某些变化，但汉字总归是汉字，万变不离其宗。这一特点，即汉字和文言/白话的关系问题，外国人，明末传教士利玛窦早就注意到了。他说：

> 尽管在写作时所用的文言和日常生活中的白话很不相同，但所用的字词却是两者通用的。因此两种形式的区别，完全是个风格和结构的问题。[1]

所谓养成性关系是指文言与现代书面语的结合程度往往依作者的养成教育而定。鲁迅与沈从文就是很好的例子。鲁迅出身“翰林”之家，在三味书屋读了那么多古籍，青少年时代就以文言作为书写表达工具，收集在《坟》里的那些文言作品，可证他的文言写作修养已臻上乘。连最爱挑毛病的余光中也不得不承认：“鲁迅在早期新文学作家之中，文笔最为恣纵刚劲，绝少败笔，行文则往往文白相融，偶有西化，也不致失控。”[2] 所谓“文白相融”，其中“文”的成分无疑得益于青少年时代的养成教育。沈从文比鲁迅晚生 20 多年，出身行伍，读过几年私塾，背诵过

① 何高济，等，译.《利玛窦中国札记》. 27 页，中华书局，1990.

② 余光中.《早期作家笔下的西化中文》. 见《余光中散文选集》第 3 辑，291 页，时代文艺出版社，1997.

《幼学琼林》《论语》《诗经》《尚书》，有较好的文言修养。但他跻身文坛时，已是文言让位给白话的时代。所以无论是养成教育还是所处时代，均与鲁迅大不相同。而现在60岁以下的人，其文言养成教育能与沈从文相比的还有几人？

从20世纪中期起，文言文的养成教育一再被削弱，“五四”时期重欧化轻文言的不良倾向不仅没有引起应有的反思，反而受“厚今薄古”“大破大立”“批判封建文化”之类的口号的影响，抛弃文言文的养成教育，被视为理所当然。其严重后果就是现代汉语书面语的三个来源之一成偏枯之势。现代汉语书面语拒绝文言文，让文言文这份资源抛荒，其理由本来是要反对“文白夹杂”，要追求纯粹的白话文体，而现实情况却是白话文日益走向贫困化、粗糙化，以至“白”而不“文”。

反对“文白夹杂”是对的，追求纯粹却是不对的。所谓“文白夹杂”，就是乱转（zhuǎi）文。白话不地道，文言不到家。文不文，白不白，半通不通，这样的文体当然不好，应当反对。但好的文体，不是“纯粹”到完全没有文言成分，而是应该调配恰当的合体的文言成分，这叫“文白融合”。

区分文白夹杂与文白融合，是建设新文体的一个具有理论方向的重大问题。在这个问题上一直存在严重分歧。我们先谈一个具体例子。2000年1月13日香港经济学家张五常发表《我也看金庸》，文章的结尾说：“古今并用的文字是最好的文字，中外皆然。我认为查先生的中语文字，当世无出其右！”[①] 他这篇文章是

① 张五常.《我也看金庸》.见《学术上的老人与海》，67页，社会科学文献出版社，2001.

批评王朔的。王朔在《我看金庸》[①] 中“大事抨击金庸的文字”，说：“老金大约也是无奈，无论是浙江话还是广东话都入不了文字，只好使死文字做文章，这就限制了他的语言资源，说是白话文，其实等同于文言文。”金庸的“中语文字”是否“当世无出其右”，我们不加评论，而王朔把“死文字”等同于“文言文”这肯定是不当的。刘大白（1880—1932）曾经说：“白话是人话，文言是鬼话。”[②] “死文字”也就是“鬼话”，当然“入不了文字”。张五常主张“古今并用”，就是我们说的“文白融合”。文言之所以能和白话融合、白话之所以需要文言来融合，我想主要有以下几方面的原因：

一是因为文言中有许多富有生命力的成分，不能笼统地说文言都是“死文字”。时至今日，我们可以说：“桐城”并不都是“谬种”，“选学”更不全是“妖孽”，把文言妖魔化是极不明智的。文言文的修辞技巧，精彩造句，传神词语，简练的结构，丰富的典故、比喻，真是瑰丽多姿，仪态万方。它是中国几千年一代又一代文人的智慧结晶。白话与文言相比，还太年轻，它虽然取得了正宗地位，很有发展前途，但它没有任何理由不从文言汲取营养，充实自己，完善自己。

二是文言文有几千年积累下来的极其丰富的文献资料。这类资料能流传到今天，并不一定都是由于语言精美、由于语言具有活力，而其中相当一部分作品的语言是值得后人研究学习的。且不说孔孟老庄荀韩，一个个都是运用语言的能工巧匠，就是前四

---

① 王朔.《我看金庸》.《中国青年报》1999 年 11 月 1 日 .

② 刘大白语见胡颂平编著《胡适之先生谈话录》71 页，台湾联经出版事业公司，1984 年 5 月初版，又见盛巽昌、朱守芬编《学林散叶》219 页 .

史，魏晋散文，唐宋散文，还有《诗经》《楚辞》，唐诗宋词元曲，明清小说，还有佛典、道藏，都是极其宝贵的语言资源，世界上没有任何一个民族能与之抗衡。古人那种“语不惊人死不休”，[①]“吟安一个字，撚断数茎须”[②]的追求语言美的精神，是现代很多白话文写作者所不及的。古人正是有那种追求语言美的精神，才为我们留下了大量的丰富的多种多样的语言资源。我们有这样一份资源不知利用，有这样一份遗产不愿接受，甘心腹笥空白，岂非咄咄怪事！

二是几十年的写作实践完全可以证明：白话文必须从文言汲取有价值的成分，才能造就美的现代书面语。也就是说，所有现代的白话文大家，都有很好的文言修养。鲁迅、郭沫若、周作人、郁达夫、林语堂、王力、沈从文、梁实秋、钱钟书等，都是文白融合的典范。

关于鲁迅，我们在前文已经有过分析。这里再引用夏济安的评说：

> 在这种文字里，典故占了极重要的位置。虽然老式教育的衰落，业已使文言式微，用文学作品或历史传奇中的典故而有所寄托的象征手法，对任何一位和他的读者共承一份文学或文化遗产的作家来说，是极明白易晓的。……鲁迅在以新鲜而生动的典故，表现出中国久远的文化传统所赋予其语文的不竭的意象之源这方面，有

---

① 杜甫.《江上值水如海势聊短述》. 见《读杜心解》，620页，中华书局，1961.

② 卢延让.《苦吟》. 见《全唐诗》第21册，卷715，8212页，中华书局，1985.

着卓越的才华。

他承认他的文体、句法，甚至思想，都受到文言作品很深的影响。

以他独有的拗口的韵律和赤裸的意象，予白话文学以很好的影响。因为他把白话文带出了平民化主义之理想的窄径。

我曾经指出鲁迅是创造革新派散文的泰斗。[1]

夏济安赞扬鲁迅“把白话文带出了平民化主义之理想的窄径”，他真正读懂了鲁迅，是对鲁迅文章最深刻的评价，一语千金。问题是直到现在，还有很多人误以为“理想”的白话文就是“平民化主义”的文字。王朔对金庸的“抨击”就是站在“平民化”的立场上来反对金庸的文白并用。“平民化主义”有什么问题呢？这是个标准问题。夏济安在另一篇文章中发表过一些很有价值的创见：

我们且慢为白话文运动的成功觉得欣喜。假如白话文只有实用的价值，假如白话文只为便于普及教育之用，白话文的成就非但是很有限的，而且将有日趋粗陋的可能。假如白话文不能成为“文学的文字”，我们对于白话文，始终不会尊重。对于文字之美的爱好，是文明人精神生活里很重要的一部分，我们假如在白话文学

① 夏济安.《鲁迅作品的黑暗面》. 见《夏济安选集》, 15、16、19、29 页, 辽宁教育出版社, 2001.

> 里得不到“美”的满足，我们只有到旧文学里去找；而懂洋文的人，只好去崇拜洋人了。……白话文能不能成为“美”的文字？假如不能，白话文将证明是一种劣等的文字；白话文既是大家写作的工具，那么中国文化的前途也就大可忧虑的了。①

夏济安提出的问题，从积极方面而言是要建设一种新的美的文学语言，鲁迅的文字功劳就在于此；从消极方面而言就是满足于“平民化主义”，其前途就是“日趋粗陋”“大可忧虑的了”。

早在1920年白话文的提倡者陈独秀说过：“通俗易解是新文学的一种要素，不是全部要素。……白话文若只是以通俗易解为止境，不注意文学的价值，那便只能算是通俗文，不配说是新文学。”②

梁实秋是文白融合的高手，也是运用新的美的文学语言的高手。请听余光中的评价：

> 梁先生最恨西化的生硬和冗赘，他出身外文，却写得一手道地的中文。一般作家下笔，往往在白话、文言、西化之间徘徊歧路而莫知取舍，或因简而就陋，一白到底，一西不回；或弄巧而成拙，至于不文不白，不中不西。梁氏笔法一开始就逐走了西化，留下了文白。他认为文言并未死去，反之，要写好白话文，一定得读

① 夏济安.《白话文与新诗》. 见《夏济安选集》，72、73页，辽宁教育出版社，2001.
② 陈独秀.《新文化运动是什么？》.《新青年》7卷5号

> 通文言文。他的散文里使用文言的成分颇高，但不是任其并列，而是加以调和。他自称文白夹杂，其实应该是文白融会。[1]

下面以梁实秋《雅舍》中一段文字为例，看他是怎样融合文白的。

> “雅舍”最宜月夜——地势较高，得月较先。看山头吐月，红盘乍涌，一霎间，清光四射，天空皎洁，四野无声，微闻犬吠，坐客无不悄然！舍前有两株梨树，等到月升中天，清光从树间筛洒而下，地上阴影斑斓，此时尤为幽绝。直到兴阑人散，归房就寝，月光仍然逼进窗来，助我凄凉。[2]

这段文字，有小学文化程度的人大概除个别字难懂外，都能读得下去，而且会觉得很典雅，很美丽，很洁净。这就是夏济安所要的那种文字，这样的文字显然不是“平民化主义”的，“平民化主义”者也写不出这么好的文字。其中的文言成分不露丝毫痕迹，与白话的融合到了“亲密无间”的境界。

得月较先——俞文豹《清夜录》载苏麟诗：“近水楼台先得月”。李白《经乱离后天恩流夜郎忆旧游书怀赠江夏韦太守良宰》：“窥日畏衔山，促酒喜得月。”

吐月——梅尧臣《夜行忆山中》：“心喜淡吐月。”

---

① 余光中.《文章与前额并高》. 见《余光中散文选集》第4辑，312页，时代文艺出版社，1997.

② 《梁实秋散文》. 第一集，29页，中国广播电视出版社，1989.

红盘——脱胎于李白诗中的“白玉盘”，“涌”字使人联想起杜甫的“月涌大江流”。江流涌月是写实，“红盘乍涌”很传神。依据古典而独创新意，此乃善用古典非食古不化者可比。语言文字美是推陈出新的创意美，并非凭空乱造可以成就的。

清光——杜甫《一月五日夜》：“斫却月中桂，清光应更多。”又《薄游》：“巴城添泪眼（一作月），今夕复清光。”

无声——白居易《琵琶行》：“此时无声胜有声。”

微闻犬吠——与王维《山中与裴秀才迪书》“深巷寒犬，吠声如豹”有“异曲同工”之妙，杜甫《滕王亭子》：“仙家犬吠白云间。”刘长卿《逢雪宿芙蓉山》：“柴门闻犬吠，风雪夜归人。”

按“平民化主义”者的“理想”，这个句子应改为：“隐隐约约地听到狗叫”。味同嚼蜡也。

坐客——这个“客”可联想到《前赤壁赋》中的那个“客”，只不过这个“客”乃复数，由后面的“无”字可以推知。

悄然——古代诗歌中常用，《现代汉语词典》也收了这个词（见1021页，商务印书馆，2002年）。

月升中天——令人联想杜甫《宿府》：“中天月色好谁看。”

斑斓——古今通用。《现代汉语词典》收了这个词（见32页）。

兴阑人散——与“夜阑人静”结构相同，由两个主谓结构组成并列式。

我花这么多的篇幅来剖析梁实秋这段文字，目的是要说明文言与白话的融合是可行的，不仅是可行的，而且美的文学语言断不可摒弃文言成分。文言不是死文字，更不可抛到茅坑里去。但不能说梁氏这类文字就是白话文的唯一标准。梁实秋也不这样认为。梁氏将中国语文“分为三个阶层：粗俗的，标准的，文学的”。“而语文达到文学的阶层是最高的境界了。”“这三种语文虽有高下之不同，却无优劣之判。在哪一种环境里便应使用哪一种语文。”[①]像《雅舍》这样的文字无疑属于“文学的”，跟文言关系最为密切。这种密切关系的联系纽带就是汉字，跟前面已经谈到的利玛窦的观点不谋而合。梁氏在《语言、文字、文学》中说：

> 总而言之，中国文字并没有死，时时老化，时时革新，但是基本的字形、字义、语法、文法，都没有改变多少。晚近的白话文学运动是划时代的大事，在文学发展上是顺理成章的向前一大步迈进，这是无人可以否认的，但是白话文学仍是通过文字才得表现，文学作品无法越过文字的媒介而直接的和语言接触。现代的白话文实际上是较浅近的文言文，较合逻辑的浅近文言文。[②]

《雅舍》也应看作“较浅近的文言文”。所谓“浅”是对深奥而言，“近”是指接近白话文而言。浅显的文言与白话文接近，媒介是汉字。台静农在《中国文学由语文分离形成的两大主流》[③]中说：“中国语言与文字分离，并不是单纯的时间因素，而文字

① 梁实秋.《中国语文的三个阶层》. 见《梁实秋散文》第三集，278—280页，中国广播电视出版社，1989.

② 梁实秋.《语言、文字、文学》. 见《梁实秋散文》第四集，257页，中国广播电视出版社，1989.

③ 台静农.《中国文学由语文分离形成的两大主流》. 见《龙坡论学集》，3、9、10页，辽宁教育出版社，2000.

本身实是最大的因素。”他说的这个道理是对的，即汉字的独立造成了“以书写文字为基础”的“古文学”和“以口头语言为基础”的“民间文学”“这两大主流”。但这只是问题的一面。问题的另一面是汉字的独立又成为“古文学”和“民间文学”的媒介，白话文之所以能取得正宗地位也离不开汉字这个媒介。古代的文言文如果用的是拉丁文那样的拼音文字，或白话文改用现代汉语拼音文字，汉字的媒介作用就不存在了。

这里我们提出一个很重要而又不为人所关注的属于基本性质的问题：汉字究竟跟谁最亲？是跟白话亲还是跟文言更亲？

从汉字的起源和发展看，从汉字曾经长期为士大夫所把持的实际情况看，从汉字与文言的结合已有数千年的历史来看，汉字跟文言的关系更亲。汉字在历史上也用来记录民间文学、口头文学，台静农认为：这种文学就是现代白话文得以在短期内兴起的“一种内在的力量”。他说：

> 到了1840年以后，西洋文明推动了中国社会，渐渐的由梁启超的新文体，一变而为今天的白话文。一百来年的时间，竟改换了几乎二十世纪的面目。要不是有一种内在的力量，能够改变吗？即使会改变能够这样的快吗？

其实，他的“两大主流”说是有问题的。民间口头文学是中国古典文学的源头，却始终不能称之为“主流”。它是现在白话文兴起的“一种内在的力量”，但不是唯一的甚至不是主要的“内在力量”。主要“力量”是什么？是汉字。汉字本来跟文言很亲，我们现在要它来亲近白话，表现白话，记录白话，它同样可以按人们的意愿来“亲近”、来“表现”、来“记录”，但毕竟只有“一百来年的时间”，汉字和白话文的关系还有一个很长的“磨合”过程，其亲密程度当然远不如文言文。所以，汉字虽然是白话文得以兴起的“内在的力量”，而汉字本身的“内在的力量”迄今为止还是文言。胡适在《白话文学史》中宣布古文已死，汉武帝时古文已死。[①] 这不过玩的是“苍天已死，黄天当立”的把戏，号召力很大，却经不起事实的检验。“黄天当立”是对的，但“苍天”并未死。白话和文言不是你死我活的关系，而是在朝在野的关系。文言“在野”了，不等于“死”了，文言还有相当的生命力。它的生命力不止是内在的，还是现代书面语的一个重要来源。我的结论是：

白话是正宗，文言是老祖宗；

白话是当家人，文言是世故老人。

文言依附汉字，汉字几千年前娶了文言，“五四”以来又娶了白话，而它从未跟文言离婚，反而是沟通文言与白话的媒介，是白话由“妾身”“扶正”的“内在力量”。故汉字永远是中国文化既古老又年轻的根据地。这个道理，香港的董桥有不太明确的阐述。他的话是这样说的：

① 胡适《白话文学史》8 页：“这可见古文在那个时候（指汉武帝时）已成了一种死文字了。”又，胡适民国七年四月写的《建设的文学革命论》中说：“这二千年的文人所做的文学都是死的，都是用已经死了的语言文字做的。”《胡适文存》一集，42 页，黄山书社，1996 年。盈按：1928 年，张荫麟发表《评胡适〈白话文学史〉上卷》对此说已有批评，指出“文言文随时吸新材料新生力、而未尝僵死”。见李洪岩编《素痴集》，101 页，百花文艺出版社，2005.

> 作家最要紧是能够驾驭文字。一国文字的构成既然是历代沿革积累的成果，那么，中国古文、诗词和旧小说中的好的文字，作家是值得下功夫去浏览。况且，中国省份多、方言杂，国语虽然渐渐普及通用，各地人受各地方言影响，到底比受国语影响深；写出来的白话文，既无标准可守，也没办法订出纯不纯的尺度。因此，中文唯一的传统根基，还是文言文，或者说古文和旧诗词；因为，各省人写文言文和诗词，到底离不开文言文和诗词的句法和规律。提倡白话是正途；不过，置传统文言文根基于不顾，白话文结果就更无法度可言了。[①]

他这段话将文言和白话的有机联系落实在“句法和规律”上并不错，而没有揭示汉字的媒介作用。他在这里说的“文字”意义比较宽泛，不等于我说的“汉字”。但能这样肯定“中文唯一的传统根基，还是文言文”（尽管有片面性）的，在20世纪70年代的内地是没有的。他这篇文章写于“一九七八年三月十一夜”，又是“在伦敦”，所以不怕被扣上“复辟”“开倒车”的帽子，棍子再长，也打不到伦敦去呀！

有一个现象很值得我们注意，喝过多年洋水的海外华人作家，凡是文字水平比较高的，反而对文言的积极作用、对文言与白话的关系，有相当清醒的正确的认识，这恐怕跟养成教育有绝

① 董桥.《翻译与“继承外国文学遗产”商兑》. 见《董桥文录》，115页，四川文艺出版社，1996.

对关系。以夏济安（1916—1965）、夏志清（1921—2013）为例。弟弟夏志清曾“辑录”乃兄《夏济安对中国俗文学的看法》，其中关于白话文的，有：

> 胡适之先生所倡导的……文白对立的白话文学都是济安所不能接受的。（216页）
>
> 济安痛恨把许多形容词堆积而成“散文诗”式的白话文，他提倡朴素的文体，可说是他对“新文艺腔”白话文的反动。（217页）
>
> 在他给我的书信上，和在《文学杂志》上所刊的几篇文章中一样，济安对中国小说和白话文的前途一直表示着最大的关心。（218页）
>
> 我想证明一点：中国的白话文，一直不是一件优良的工具，负担不起重大的任务。……《红楼梦》是不注意人物的type的，但是它全书的成功，得力于文言之处很多。……“五四”以来的白话，超脱了舞台的白话，说书人的白话，算是有了新生命，但仍很幼稚。胡适之当时提倡白话，但是他不知道“他所认识的白话”之幼稚。（曹操、刘备、诸葛亮、关公等之需要用文言来说话，就同Hamlet，Othello之需要用blank verso来说话一样）白话顶多能使若干小人物活龙活现而已，至于symbolic use of language，过去的白话文是未曾梦想到的。（225页）
>
> 我想说的话是：一、好的文章和文言白话的问题无甚关系；二、中国旧小说中的白话是不够用的。这样一

个 theme 拿出来，可能要 hurt 胡适。[1]

世界上的事就有这么奇怪，这么不合乎逻辑，大陆内地在 20 世纪 50 年代一直在批判胡适，一直在“hurt 胡适”，可大陆内地在白话文的观点上，在对文言的看法上，却完全是胡适派的，是忠实于胡适的。唱反调的，对白话文言取分析态度的却是在海外的学人。因为大陆内地对“五四”运动（毛泽东对“五四”运动是一分为二的），对白话文运动持全面肯定态度，而又不承认胡适在“五四”运动中的“文化班头”地位，我们是在奉鲁迅为神明的前提下抛弃文言肯定白话的。“鲁迅在此，谁敢打上门来”，结果让胡适“漏网”了。

我们摘录夏济安那些论点，并不是要证明夏济安是反对白话文的。他并不反对白话文，他只是指出传统的白话文和现代白话文中的问题，反对胡适之的“文白对立”的观点。前文谈鲁迅时已经引过夏济安的文字，这里再引几段他的话，因为这些话还涉及他对翻译文字的看法。

> 倡导白话文的先知先觉大多是南方人，他们古书又读得相当多，因此他们非但写不出真正的北平白话，而且古文的“包袱”也丢不掉。古文的表现方式，随时会在他们笔底下流出来。再则白话可读的东西毕竟不多，几部旧小说读来读去也会腻的，于是乎翻译尚矣。翻译对于我们白话文学影响之大，实在远在旧小说以及难于

① 夏志清辑录.《夏济安对中国俗文学的看法》. 见《夏济安选集·附录》，216—218、225、226 页，辽宁教育出版社，2001.

凭借的口语之上。(62 页)

现在的白话文实在是“雅俗兼收，古今并包，中西合璧”的一种文体。白话文的句法，很多是英文句法的模拟；古文的句法也还保留一部分。

白话文里承袭了大量的古文辞藻。古文中有许多说法，简洁而传神，写白话文的人实在不忍心把它们抛弃。再则古文的句法和古文的字汇用在白话文里，容易给人一种典雅的感觉，写文章而要讲究“风格”，有时候还不得不迁就古文。(66 页)

白话文的好处不在它的“白”，而在它的兼文、白、中、西之长。这种白话文，其实离开许多人的口语也不远。

我们走了这么多地方，接触到这么多人，我们的话难免要“博采各地之长”。此外我们还读过书，我们的话里有古文，也有欧化句法。我们所讲的是“混合式”白话，所写的也是混合式的白话文章，这样也不能说我们不是“我手写我口”。(67 页)

白话文大致已经定了型，短期内很难再有大变动。白话文到了今天，成了这样一种混杂的东西，也许是“五四”时代提倡白话文的大师始料所不及。[①]

肯定白话文是“一种混杂的东西”，肯定“白话文里承袭了

---

① 夏济安.《白话文与新诗》. 见《夏济安选集》，62、66—68 页，辽宁教育出版社，2001.

大量的古文辞藻”，这完全符合事实，跟那些一心追求“纯粹主义”白话文的人，观念迥然不同。

可能是受济安的影响，乃弟夏志清对文言文也持公允态度，对从小进行古典训练也持肯定态度。他有两段话说得很好，我把它摘录在这里，因为在大陆的 20 世纪 70 年代，我从未听到这样的自我表白。第一段话写于 1975 年：

> 有时我私下同鲁芹兄较量“武功”，觉得最吃亏的地方，是我冤枉多受了几年小学教育，在中、大学时期没有得到良师指导。我一开头读“人手足刀尺”，鲁芹跟塾师念“人之初，性本善”，背了不少古书，国文根底究竟不同……对天性稍近文学的人来说，童年时期不好好背书、习字，而去啃几本浅近无味的教科书，实在是时间的浪费。……我从小无福上私塾，那真是“误己”匪浅。现在后悔已迟，真觉得应该有人在台湾办个实验小学，一年级即背古书，小学毕业四书五经、《资治通鉴》、《史记》诸书皆已背得烂熟，四年级即开始读英文或拉丁文，为国家“文化复兴”作准备。否则几位硕果仅存的国学大师物化以后，真可谓后继无人了。[1]

他这段话强调的正是我们现在所说的文言养成教育问题。

---

[1] 夏志清.《〈师友·文章〉序》. 见《人的文学》，113、114 页，辽宁教育出版社，1998. 此文原载吴鲁芹《师友·文章》，17 页，台北传记文学出版社，1975.

"文言养成教育"不等于"读经"，"读经"已成了一个敏感话题。但现在谈"读经"，无论目的与性质，均与古代不同，大可不必读经色变。据2002年7月27日的《中华读书报》报道："北京已经有25所学校开展读经活动，全国已有100万孩子加入了读经行列。北京市2001年人民代表大会提案之一就是'大力推进经典诵读工程'。记者今日获悉，新修订的中小学教学大纲已大大增加学生阅读、背诵古文的篇幅。"这篇报道还说，某教授认为："让儿童读经，纯粹是胡闹，非常可笑。"如何实现文言养成教育，完全可以进行实验，也可以有不同的看法。斥之为"胡闹""可笑"，是否太轻率、太武断了呢？无论是从个人还是从现代汉语书面语的发展提高或者是从传统文化后继有人的角度来看，文言养成教育都不可轻视，应该提倡大胆实验。"教授"的话如果太自以为是了，也往往是"非常可笑"的。不过，这个话题涉及社会文化前景，涉及子孙后代，实在太严肃，太沉重了，除了轻率者，以及对社会不负责任的人，有谁能"笑"得起来！

夏志清的另一段话写于1976年，比上面那段引文要晚一年。他是这样说的：

> 亏得有了这种训练，后来我改治中国文学，肯虚心从头干起。每读古书，必查字典，记生字，把前人的笺注一并读。从没有感到，自己是英美文学博士，学问比前人好，他们不懂"新批评"，也没有读过佛洛伊德、佛勒哲（Frazer），讲的话都是狗屁，可以置之不理。见到旧学根底深厚的人，不论他西洋文学知识远比不上

> 我，我也要向他讨教。古代的文物制度我知道得实在太少了……我在近文《〈师友·文章〉序》里建议，台北应有人创办一家实验小学，一年级即背古书，让少数开明家长把他们IQ特别高的子女送去读书。我这篇文章笔调虽轻松，这个建议倒出于真心。已经五十五岁了，旧学根底这样浅。[①]

我读了这段文字颇为感动，这是真学者应有的人格和风度，不藏拙，不以己长攻人之短，尤其是对古书对旧学那种敬畏精神，是非常值得表彰的。

另一位旅美华人散文家吴鲁芹也有类似的表白，他说自己在武汉大学求学时，“和中文系的副教授黄焯（原注：黄侃的侄儿子）有较多的往来，对老一派的学者更是佩服，他们做学问的谨严，和那套死功夫，尤其是博闻强记，不是新文艺作家所能望其项背的”。[②]

在上年岁的海外华人学者中，唐德刚（1920—2009）的文字很有个性，很长于文白融合的写作。但他本人却称之为“文白夹杂”，而且自贬为“为文涵养不够”。这跟胡适有关。他说：“有时偶尔我拟个短篇中文草稿。胡先生总是说：‘不要用文言！不要用文言！’”“他总是劝我写中文应该全用白话；文白杂夹，在他看来是很坏的习惯。我亦有心变革，但是积习难除。如今年届二毛，而文无寸进。我如果拜胡先生作老师的话，积习未改，实

① 夏志清.《劝学篇》. 见《人的文学》，157页，辽宁教育出版社，1998.
② 《余年集·记珞珈三杰》. 台北洪范书店有限公司，1985.

有辱师承！”[1] 我不完全相信德刚先生的表白。一则我认为他为文的涵养很高，文白融合并非“很坏的习惯”；再则他本人对适之先生的主张恐怕是“口服心不服”，有时口亦不服。请看他在同一本书里的另一种说法：

> 胡先生究竟是什么个“专家”呢？他“专”的是对“白话”和“文言”这两种文体的比较研究！这种“研究”据他自己说是“逼上梁山”的结果。即上梁山之后，他为守住“白话文”这个大山头来称王称霸，就非使出浑身解数，来为白话文树碑立传；对文言文极尽其“诋毁之能事”了！[2]
>
> 我国的“文言文”和“方块字”，自“五四”运动时期被胡适之辈喊打以后，忍辱含羞已六十余年。现在也该是我们替他们两位老人家平反的时候了。
>
> 平心静气的说，八千年来的人类文明史中，学者们还未找到第二种文字能与我们传统语文比。它替我们保留了19世纪以前，人类文明最丰富的记录。它保留的总量超过人类文明史上，所有其他文字所保留的总和！
>
> 人类知识史上很多学科的“第一部书”，都是用文言文、方块字写的。《孙子兵法》《齐民要术》《营造法式》《本草纲目》……差不多都是各该科目的始祖。（146页）

---

① 唐德刚.《胡适杂忆》. 215页，华东师范大学出版社，1999.

② 同上书，128页.

> 胡适之先生不从这些大处着眼，而偏说文言早死于秦汉之际。又说汉朝的小吏已看不懂官方的诏令，所以文言文早在汉朝就该废除，这就是鸡蛋里找骨头了。[①]
>
> 在一个新文化的“启蒙时代”“开风气”的大师们可以闻一知十，望文生义，信口开河。可是启蒙时代一过，学术研究就该规规矩矩，按照新兴科学的法则，亦步亦趋，向前探索才对。[②]

从梁实秋、夏济安到唐德刚、余光中等，他们对胡适白话文主张都取分析态度，对文言与白话的关系都不取“对立”的态度。他们并不反对白话的正宗地位，也不主张写文言文，但都肯定文言文的历史地位和现实作用。

胡适“不要用文言”，可文言有时也会找上门来，为难胡适。我并不敢轻看胡适的文言功底，他幼年在徽州老家也接受过严格的古典训练。据他自己说：“《十三经》还没有读完，《周礼》也未读，就到上海去了，所以对于小学的工夫不深。”[③] 因此，民国八年陪杜威到山西，在太原一个公园游览时，不认识“山西人必须要认识的”“崞”[④] 字，这也无碍于他当教授。可不认识这个“崞”字，就等于不知道山西有个崞县（今原平县），就等于没有读过《汉书・地理志》；也等于不知道雁门有个崞山，也就等于

① 唐德刚.《胡适杂忆》. 146、147 页，华东师范大学出版社，1999.

② 同上书，151、152 页.

③ 胡颂平.《胡适之先生谈话录》. 44 页，联经出版事业公司，1984.

④ 同上书，88 页.

没有读过《说文解字》。对于一般教授而言，或许算不了什么；对于大明星胡适而言，尽管也不必苛求，而在真正的国学家眼里，适之先生就要大跌其份了。难怪太炎先生始终不认可这个胡适。我这样说，当然有材料为证。据周黎庵《半小时访章记》《记章太炎及其轶事》[1] 载，章氏谢世之前，他和林语堂等人以化名身份在苏州拜访章太炎。周黎庵问：

> “先生对于胡适之怎样？”
>
> “哈哈，”他笑了起来。“哲学，胡适之也配谈么？康、梁多少有些‘根’，胡适之，他连‘根’都没有。”
>
> 在章的眼中，自郐以下似乎不屑多谈的意思，他对于胡适之的批评，在《制言半月刊》宣言中说过：“其间有说老庄理墨辨者，大抵口耳剽窃不得其本，盖昔人之治诸子，皆先明群经史传，而后为之，今即异是，皮之不存，毛将焉附耶？”他又这样的说一遍。

胡适是否“配谈”哲学且不说，章太炎是否一定比胡适更会“谈”哲学也不说（胡适 1917 年作《诸子不出于王官论》，批评章太炎，时年 26，可谓有胆有识）。只说“根”的问题。

“根”在哪里？在“明群经史传”。这里最重要的是“明”。要知道“诸子”在说些什么，其真实含义何在，一句话，要把文

① 《半小时访章记》. 原载周劭（字黎庵）《葑门集》，现收入作者的《葑溪寻梦》，古吴轩出版社，1999 年，此文又选入《梦见紫荆树开花》，中国社会科学出版社，1995 年。《记章太炎及其轶事》原载 1942 年 10 月《古今》第 8 期，现收入《追忆章太炎》，中国广播出版社，1997 年。周劭等人访章时间为 1935 年 11 月 11 日，见周劭著《葑溪寻梦》，126 页 .

言读懂，有真切的了解，这就涉及要不要“文言”的问题了。一个从事文史哲研究的学者，大谈“不要用文言”，一定要“废文言”，其必然的恶果就是“不得其本”，成为无“根”之谈。章氏说的“根”似乎只是随意闲谈，脱口而出，似乎只是针对胡适个人而发，实则是“五四”以来的学术通病。不治好这个“病”，中国学术不可能有根本性的前进。

如果有人以为章太炎这么说，只不过证明他“落后”“保守”，那么我们可以听听与胡适交往甚密的杨联陞（1914—1990）教授的意见。他说：

> 要研究中国史的人必须具有起码的训诂学素养。够不上这种要求的研究者，只能算是玩票性质，而不会成为一个健全的汉学家。毕竟中国史的主要资料仍旧是典籍，虽然考古材料与口耳相传的掌故也很重要。训诂学的一大法宝——典籍考证学能够使研究者在使用文献的时候，保持高度的谨慎。一旦有了一份典籍，其他训诂学的技巧就能够帮助研究者正确地去了解它的意思。我得承认这些东西并不就构成汉学的全部，但它们确实是汉学的基础。一位老练的学者如果在训诂上一时失察，也会犯错。[1]

杨联陞说的“基础”等于章太炎说的“根”。章、杨说的

① 杨联陞.《从经济角度看帝制中国的公共工程》. 见《国史探微》，145页，辽宁教育出版社，1998.

这些道理并非什么发明创造。是他们的经验之谈，也是研究者必须具备的“素养”，而又是数十年来没有彻底解决的一个问题。

我们不能说胡适的“训诂学素养”不行，但他的文言功底远不如章太炎、刘师培、黄侃，这是事实。他对古书的熟悉程度，不知如何。下面这个故事，就是文言找上门来，向胡适挑战。

唐德刚说，20 世纪 50 年代中期，他替人翻译魏源的《海国图志》序。

> 文章结尾所引的一个“传曰”，就更使我莫测高深。这“传曰”的全文是：
>
> 孰荒于田，孰治于门
>
> 四海既均，越裳是臣
>
> 这为首两句是什么意思？我要找到出处才好翻译。可是我找遍《春秋三传》《尚书大传》《易经系辞传》……就始终找不出他那个“传”来。如果我不顾浪费时间，无限制找下去，我那计件之酬岂不是太微薄了吗！
>
> 我灵机一动，去问胡适之。胡先生说这个“传”在《易林》里面。可是我两人翻遍《易林》还是未找到。胡先生还要亲自带我去哥大书库大索一番，我就未敢惊动他老人家了。后来我约胡先生与狄氏一起午餐，胡公乃向狄君解释找出魏引原文之不易；以及中国古文字是如何的艰深晦涩，确切的翻译（Precise translation）几乎是不可能的。狄氏然其说，我才把译稿奉上了。后来狄别瑞在他的书上，照胡氏之言加个小注，才解决了我那

含混翻译的大难题。[①]

“大难题”不能算是“解决了”，只能说是蒙混洋人，勉强交差，敷衍了事。魏源的“传曰”这个“传”字把唐胡二先生搞蒙了。这四句诗出自“唐宋八大家”的第一大家韩愈。《韩昌黎集》第一册第一卷“古诗”类有《琴操十首》，其中第四首《越裳操》的最后四句，与魏源所引一字不差。魏源耍的什么花招呢？明明是韩愈的“古诗”为什么要说“传曰”[②]呢？这是经学家的规矩。“传”是对“经”而言的。“越裳操”有《经》吗？

宋人郭茂倩《乐府诗集》第五十七卷收有周公旦作的《越裳操》。题解云：

> 《琴操》曰：“《越裳操》，周公所作也。”《古今乐录》曰：“越裳献白雉，周公作歌，遂传之为《越裳操》。”
>
> 於戏嗟嗟，非旦之功，乃文王之德。

此篇之后紧接着就是韩愈的那首《越裳操》。《琴操》为后汉蔡邕撰集，可阅逯钦立的《先秦汉魏晋南北朝诗》“汉诗”卷十一“琴曲歌辞”类。还可参阅《太平御览》卷五七八，二六一〇页。

《越裳操》的作者是否为周公旦，不得而知。魏源以之为

① 唐德刚.《胡适杂忆》. 增订本 . 150 页，华东师范大学出版社，1999.

② 有人说：（此）“语原出《韩诗外传》，故称‘传曰’。”我查遍《外传》，无此语。明明是韩愈的作品，怎么又扯上《外传》呢？

“经”，以韩作为“传”，这样自我作古，简直是误导，害苦了唐、胡二先生。不知唐先生是怎么把这四句诗译成英文的。反正前两句的解释，在中国学术界似乎还没有定论。详说可参阅钱仲联先生的《韩昌黎诗系年集释》（下），一一五七页。钱释引李光地曰：“见非安近无以服远，起下两句意。”又引何焯《义门读书记》：“二句言必治内而后外服，亦所谓不泄迩不忘远（盈按：见《孟子·离娄下》）也。”李、何的意见是对的。钱氏的按语也很好，摘录于此：

> 此诗归美先王，则荒字当训为治。“天作高山，太王荒之”。（盈按：见《诗经·周颂·天作》）“乃立皋门，乃立应门。”（盈按：见《诗·大雅·绵》）为后世治朝悬法之所。是荒于门者，太王之所以基王业也。后稷始播种百谷，文王卑服即康功田功，是治于田者，周家之所以开国也。今孰为荒于门，孰为治于田，致四海既均而越裳是臣乎？即“无念尔祖，聿修厥德”之意也。[1]

释“荒”为“治”也是有训诂为据的，见朱熹《诗集传·周颂·天作》。另外，钱氏《集释》这两句都用问号，也很恰当。

我们举“《传》口”这个例子，丝毫没有贬抑胡适的意思。胡适可能未读过这首古诗，也可能读过因年老而记不起来，这都算不了什么。胡适的成就不在于此。我的本意还是那句话，文言

---

① 钱仲联.《韩昌黎诗系年集释》（下）.1157页，上海古籍出版社，1998.

不能作为正宗，但文言不可废。你不要文言，文言会逼着你要。不仅中国学人绕不过文言，外国汉学家同样绕不过文言。可我们很少听说外国汉学家要废文言，他们很看重中国的古典，许多西方汉学家都以研究中国古代语言文字、历史文化而著称。痛恨文言甚嚣尘上者都是中国人，你说怪不怪！报载某教授公然提出：我们最要紧的是跟国际接轨，而不是跟古人接轨。这后一句就有“数典而忘其祖”之嫌了。中国竟然有这样的“教授”！不仅有这样的“教授”，还有这样的“作家”。去年某晚，我偶尔打开电视，见有一位不知名姓的所谓“作家”，正在大声疾呼：“要废除古代汉语，就是要废除古代汉语！”如果我们一定不跟自己的老祖宗接轨，真正要废除文言，总有一天我们得向日本人、韩国人、法国人、德国人、美国人去学习文言文。文言文早已进入世界文化宝库，是世界文化遗产的重要组成部分，是全人类的共同财富，你想“废”也是废不了的。“古代汉语”是现代汉语的祖先，能废除自己的祖先吗？

在大陆内地，人们的语文观念还多停留在“五四”“启蒙时代”，还是跟胡适一样，“不要用文言！不要用文言！”早在20世纪就有人指出，“‘五四’时期关于语言特别是关于汉语的理论并不健全”，“倘若十几年前白话文学运动倡导者是有坚实的语言学知识，又对于中国语言文字有彻底研究的，那收获一定不止现在的”。这是李长之的话。李长之在20世纪30年代发表一篇近两万字的长文《语言之直观性与文艺创作》，我是在阅读郜元宝先生《追忆李长之》这篇文章时才知道的。下面的引文都是郜的介绍文字：

> 他（李长之）经常谈到研究文学，非具有一定的语言哲学知识不可，尤其是中国文学，不研究汉语，肯定会不得其门而入。“五四”文学革命也就是语言革命的发起者，都不是现代意义上的语言学家……
>
> 他认为中国文学的语言，文言白话之外，还有值得重视的四六骈文。他提出这个想法，理论上是针对“五四”关于汉文学语言的模糊看法。他不认为文言白话在时间上有什么先后，要说有先后，那是指白话近于口语，文言偏于书写，是从口语转到书写上的先后关系。所以，不能用进化论来宣布文言的死亡，相反，倒是应该从汉语书写的角度，仔细研究白话、文言以及文言的极致——骈文的特点，从中找出汉语书写的规律。这个想法非常重要，从类似的方向提出问题并且或详或略有过论述的，还有周作人、郭绍虞、朱自清和钱钟书。但这一路的语言思想，直到今天，还没有很好梳理。[①]

李长之等人的“这一路的语言思想”为什么“没有很好梳理”呢？文学家的“语言哲学知识”如何，我在这里就不说了，语言学家有谁重视“汉语书写规律”的研究呢？很遗憾，实在说不出来。即使是“现代意义上的语言学家”，也是“进化论”者，对“五四”时期“并不健全”的、“模糊”的汉语理论缺乏起码的梳理精神。反而将文言与白话的关系看成你死我活“复辟”与“反复辟”的荒谬关系。

---

① 郜元宝.《追忆李长之》.《读书》1996年10月.

业师王力先生对警惕文言“复辟”很敏感。1979年他著文说：“我们应该继续提倡白话文，反对文言文。”① 前半句是对的，后半句就太苛刻了，应改为“不写文言文”。“五四”“反对文言文”是正确的，文言已经下台了，而且几乎后继无人了，我们还“反对”就欠考虑了。“文言文”毕竟是中华民族的宝贵财富，是现代书面语的宝贵资源，我们对这样一位民族老功臣，为什么要一反到底让它永世不见天日呢！反对文言文，若对白话文的发展有好处，当然应该。但结果是等于给白话文减少粮食，减少营养，让它面黄肌瘦，形容枯槁，面目可憎，先生忍心吗！1980年，先生以八十高龄又写了《需要再来一次白话文运动》，② 认为“现在语文课里有白话文，有文言文。把白话文、文言文串在一起教是不好的。这样教出的学生常写一些半文不白的文章”。在这篇文章中先生还引用叶圣陶老人家的意见：最近在闲谈中，叶老说了一句很愤激的话：“为什么中学拼命讲文言文？就是因为，文言文我懂，你们不懂。因此，我就教你们。白话文我没有什么好教的。”叶老的话显然不妥。老师的职责本来就是辩难析疑解惑。叶老当年“愤激”的时候，中学语文课本里文言不是多了，而是太少了，哪里谈得上“拼命讲”呢。王力先生接着说：“包括叶老、吕先生都反对写文言文，反对写半文不白的文章。”“写文言文”当然不宜提倡，所谓“半文不白”就是模糊概念。

而且，如果有年轻人真正能写出章士钊、陈寅恪、钱钟书、毛泽东那样的文言文，恐怕也不要反对吧。我们有这样的人吗？

---

① 王力.《白话文运动的意义》. 见《王力文集》第二十卷，114页，山东教育出版社，1991.

② 《王力文集》. 第十九卷，372、373页，山东教育出版社，1990.

没有了。王力本人在20世纪40年代写的小品文至今还很受欢迎。当时他谈自己的“文体”时说：

> 有时候，好像是洋装书给我一点儿烟士披里纯，我也欧化几句；有时候，又好像是线装书唤起我少年时代的《幼学琼林》和《龙文鞭影》的回忆，我也就来几句四六，掉一掉书袋。结果不尴不尬，连我自己也不知道是什么文体。[①]

这不就是“不中不西”“半文不白”吗？正是这种连先生“自己也不知道是什么文体”的“文体”，至今还脍炙人口深受欢迎呢！口说无凭，引文为证：

> 而王了一的《龙虫並雕斋琐语》有时是西洋书籍挟来的灵感，有时又是线装古典唤起的回忆。结果，行文体式或善性欧化，或新体四六，更兼以学问博洽，书袋时时来掉他，来纷纷涌入他的笔下，兼容并包，其味深足，像上等橄榄。[②]

中国有句俗谚：“不听老人言，吃亏在眼前。”但叶、王、吕这三老“反对”文言的话是不能完全听的。他们的语文主张还停留在“五四”时代，所以，“需要再来一次白话文运动”。若果真

① 王了一.《生活导报和我》. 见《龙虫並雕斋琐语》，3页，中国社会科学出版社，1982.
② 伍立扬文，见《散文》1996年8期.

“再来一次”，我们的文言文将真要断子绝孙了。当年的“三老”均是语文界的领袖人物，德高望重，而他们对几十年来轻视文言造成文言后继乏人的严重形势缺乏认识。1972年周恩来总理曾感叹说：“台湾对古典汉语比我们重视。”① 这是事实。我们不重视古典汉语的严重后果早已暴露无遗，连“国学”教授都已不懂“七月流火”是什么意思！再不正视，恐怕恶果会更严重。能“再来一次”讨伐文言吗！

叶老的“愤激”也可能有自身的原因。他是“新潮社”“文学研究会”的成员，属于“新文艺作家”。他对新文学的贡献、对语文教学的贡献，有目共睹，有口皆碑。直到今天，也无人想否定这一点。而叶老也会有自己的局限。我们在高度评价一个人的贡献时，也要注意其局限，这不是更全面更准确吗？据吴鲁芹《记珞珈三杰》言：

> 中文系的老一派的学者对新文艺作家是“另眼看待”的。武大内迁之后，中文系又多了一位作家，那就是叶绍钧（圣陶）。他也只能教大一国文，大二国文。尤其令中文系老先生们对叶圣陶起不敬之心的，据说是因为叶君遇到典故还得求助于《辞源》《辞海》，他们相信这两本工具书中的典故，是极普通的；不是什么僻典，国文教授早该熟悉。②

---

① 转引自章含之《经历“改变世界的七日”》，《中华读书报》2002年11月6日.

② 吴鲁芹.《余年集》. 68、69页，台北洪范书店有限公司，1985年4月.

吴鲁芹说的是20世纪三四十年代中文系的情况。“在那个时代，新文艺作家插足在中国文学系，处境差一点的近乎是童养媳，略好一点的也只是‘局外人’，够不上做‘重镇’或者‘台柱’之类的光宠。”[①] 这不仅说明当年的中文系重视古典，重视饱学之士，也说明当年的“学人”与“文人”在大学里的地位与现在大不相同。中国本来有重学士轻文士的传统。扬雄在《法言·吾子》中说，“雕虫篆刻”,“壮夫不为”,刘知几“耻以文士得名，期以述者自命”。[②] 北宋刘挚训子孙曰：“士当以器识为先，一号为文人，无足观矣。”[③] 顾炎武也不胜感慨：“唐宋以下，何文人之多也。”(《日知录卷》19）轻视文人，于理不顺。文人、学士只是分工不同。但大学中文系是学府，是研究学术的地方，古典、文言、传统文献是中文系教员的起码修养。叶老能认真查《辞源》《辞海》就已经是非常认真负责、非常可贵的了，而在当时还遭到“另眼看待”，可现在还有几人求助于《辞源》《辞海》呢！文字不通、信口雌黄、误人子弟的事不是到处都有吗？现在还有人告诫我们：警惕复古。请恕我直言：即使有人真想“复古”，复得了吗？我们有“复古”的社会条件吗？有“复古”的中坚力量吗？有“复古”的学术制度吗？有“复古”的人才吗？有少数几个人提倡认真学点文言文，就招来一片嘘声、骂声，这是极不正常的。现代人与古典之间已有难以逾越的鸿沟，古典薪火已难代代相传，我们处的时代已与“五四”当年大不相同，胡适们

① 吴鲁芹.《记珞珈三杰》. 见《余年集》，68页，台北，洪范书店有限公司，1985.

② 刘知几.《史通·自叙》. 见浦起龙《史通通释》(二)，94页，商务印书馆万有文库本，民国二十三年.

③ 《宋史·刘挚传》. 卷三百四十，10858页。又见顾炎武《日知录·文人之多》卷十九，7页，商务印书馆，民国二十四年.

“不要用文言”，是因为他们已掌握了“文言”，他们是“要”了以后而说“不要”，我们就从来没有“要”过，还盲目高喊“警惕复古”，我不知道这对振兴中华文明有什么积极意义！一个抛弃自己文化传统的民族，能产生学术巨人，学术强人吗？数十年来，我们的学术一直处于低水平状态，能成一家之言者甚少，必传之作甚少，其中原因很多，而抛弃传统无疑是诸多原因中最重要的一个原因。

1942年2月8日毛泽东在延安发表《反对党八股》的演讲，其中谈到学语言的问题。提倡“下苦功”学语言。向谁学呢？“一、要向人民群众学习语言。”“二、要从外国语言中吸取我们所需要的成分。”“三、我们还要学习古人语言中有生命的东西。由于我们没有努力学习语言，古人语言中的许多还有生气的东西我们就没有充分的合理的利用。当然我们坚决反对去用已经死了的语汇和典故，这是确定了的，但是好的仍然有用的东西还是应该继承。”① 毛泽东说的这三条，正是我们说的现代汉语书面语的三个来源，只不过谈问题的角度不同。夏济安说的“混合式”白话也跟毛泽东讲的这三条精神完全一致。不要说白话“混合”，世界上有哪一种语言是纯粹而又纯粹的呢？“混合”这个词也可能不好听，所以我们说“来源”。

学语言都要从娃娃抓起。青少年时代不学文言文，记忆力差了还能学吗？所以中小学重视学文言文，“拼命讲文言文”，这是按规律办事，无可非议。所谓“拼命”，其实乃夸张不实之词。1949年以来，有谁“拼”了“命”去“讲文言文”？没有。最新报道，“广东高考，古文翻译逾万人得0分”，“许多学生不懂律诗

① 毛泽东.《反对党八股》. 见《毛泽东选集》第三卷，855、859页，人民出版社，1953.

的颈联在什么位置”①，如果“拼命讲文言文”，会这样惨吗！

考生得0分，不奇怪。久矣夫，我们与古人不“接轨”了，我们已不能读懂我们的古人了，牟宗三说：“现在中国人不了解中国的智慧，本来是我们的老祖宗，现代中国人就不懂什么老祖宗，根本读不懂，好像隔万重山一样。不读中国书嘛！你看大学教育，那些先生讲的都是洋文，哪一个读中国书呢？这是严重问题。”这问题严重到什么地步呢？大学里“那些先生”也要得0分了。“因为这种是古典的语言，读典籍要了解它词语的意思。现代人不能读古典，因为现代人的头脑习惯于西方的概念语言，科学的语言，习染太久了，所以对古典那种不是很严格的概念化的语言很难看得懂……现代人对古典完全不能懂，不相应，死在西方概念语言之下，一窍不通。”② 这种情况已严重影响学术水平的提高。我们是宁愿“死在西方概念语言之下，一窍不通”呢？还是“读懂我们的古人”，也与古人接轨呢？不值得严肃认真反思吗？

早在毛泽东之前，钱玄同1925年为顾颉刚《吴歌甲集》写的序言中就已谈到现代国语的三个来源问题，并特别强调学习文言的必要性、重要性。

> 用了北京话做主干，再把古语、方言、外国语，等等自由加入。凡意义上有许多微细的辨别的，往往甲混乙析，或丙备丁缺。国语对于这些地方，应该冶古今中外于一炉，择善而从。

① 《新京报》2005年6月27日.

② 牟宗三.《周易哲学演讲录》.6、16页，华东师范大学出版社，2004.

> 我认为国语应该具有三个美点：活泼、自由、丰富。采自活语，方能活泼（做主干的北京话，加入的方言跟外国语，这三种都是活语，惟有古语是死语：但它的本质虽是死的，只要善于使用，自能化腐臭为神奇，变成活泼泼地。总而言之，我们尽可以把古语这死鬼捉来给今语做奴仆，听候驱遣；万不可自己撞进鬼门关，给鬼捉住，亲笔写下卖身字据，愿为鬼伥）；任意采之，斯乃自由；什么都采，然后丰富。
>
> 国语虽是集合北京话，各地方言，外国语，古语而成，但这四个分子所站的地位并不能相等。既名为“国语”，当然以本国语为主体。[①]

钱玄同说的“四个分子”的前两个合起来就是“人民群众”的口头语言。他是极力反对文言大力提倡白话的人，可他也主张“化腐臭为神奇”,“要善于使用”“古语”。要“化”，要“使用”，当然就得接触，要学习，要懂。否则如何“化”？如何“用”？钱玄同明确地肯定：古语乃现代国语“四个分子”之一，这就不只是个人学、用的问题了。现在有人完全反对“古语”，岂不是要把“古语”从“国语”中开除吗！某些自视甚高的文化人，其语言显得那么无修养，浅薄，既不丰富，也不活泼，这就是原因之一。语言的贫困，已成为今日文坛、学坛的通病。

20 世纪 50 年代，王力先生在《论汉语标准语》一文中也引用了毛泽东 1942 年说的那三条，并认为“这是标准语的三大标

---

① 《钱玄同文集》．第三卷，229、230 页，中国人民大学出版社，1999.

准”。王先生在谈第三个标准即“学习古人语言中有生命的东西”时，讲了一点自己的体会：

> 从前许多人对文言采取一种敌视的态度。此外还有一些人（包括我自己在内）对文言和白话存着“分家观点”，以为写白话文就非纯粹用口语不可，如果要写文言文，就得纯然用古人的词汇和依照古人的语法（我嘲笑提倡文言文的人自己的文章就夹杂着现代人的口语和语法）。现在看起来，敌视态度和“分家观点”都是不正确的……现在文言文已经被打倒了（直到解放后才算是完全打倒），咱们就应该回过头来看看已经死去了的语汇和典故的后面还存在着哪些是有生命的东西。①

从这段文字可以看出：解放初期王先生对“文”“白”关系的看法，对文言价值的看法，还比较实际，说的也是心里话。可到了后来，思想也越来越“左”，越来越“革命”，他内心深处（包括叶老、吕先生的内心世界）是否真的那么反对文言呢？我很怀疑。时至今日，“敌视”文言的态度，文白“分家观点”，并没有解决，而且有“甚嚣尘上”“于今为烈”之势。为了白话，为了建设美的现代文学语言，我们有必要从根本上从理论观念上彻底解决一个如何对待文言文的问题。近年，国内有多种报纸，在小范围内进行“读经问题的讨论”。老实说，这种性质的讨论，基本上是即兴发言，甚至是片面的情绪化的。真正有分量、有充分研究，

① 《王力文集》. 第二十卷，66、67页，山东教育出版社，1991.

切中要害的文章很少，故无助于问题的解决。所谓讨论也就是不了了之。可能今后还会发生这种即兴讨论，还会是不了了之。有的文章说，中国出现了“读经热”“读经运动”，这都是不实之词。“热”在哪里？“运动”得起来吗？所谓“保守主义”，也是乱扣帽子。文言早就后继无人，“保”什么？“守”什么？有人到处乱封“国学大师”，我们现在还有真正意义上的“国学大师”吗？章太炎、王国维而后，陈寅恪、钱钟书而后，我们还有“国学大师”吗？反对读经的人并没有研究过“经”，主张读经的人恐怕也未认真研究过“经”，某些人的“反对”“主张”，都不过是拾前人牙慧，现在某些大谈“国学”的人，基本上是“玩票性质”，有谁在十三经上下过死功夫呢？中国这么大，搞几个试点，然后再总结经验教训，有什么不可以的呢！何必大惊小怪，何必事事搞一刀切呢！

我本人是不赞同“读经”这个提法的，“读经”这个提法是有毛病的。“经”是一个特定概念，其实多数人的主张是读点文言文，学点古汉语。不仅《周易》《诗经》是古汉语，《史记》《资治通鉴》、唐诗宋词，不也是古汉语吗？生而为中国人，学点中国古代语言知识，从而知道一点古代的历史、哲学、文学、科学技术知识，这也是罪过吗？至于如何学，如何分出层次，哪些人该学，哪些人不必学，哪些人多学，哪些人少学，都要区别对待。笼统地反对，笼统地肯定，结果是什么问题也解决不了，谁也说服不了谁，泛泛讨论，有什么意义！

普通话的发展历史

提要：“普通话”的内涵也有一个发展过程。现代普通话定义的全面界定并真正付诸实践加以推广，始于1956年。此前，“普通话”的定义是不全面、不完整的。

现代汉语普通话的历史来源，学术界意见不一。本文利用大量新的原始资料（尤其是古人的边疆行记及近年译过来的传教士的记载）对众多争论提出了自己的看法，充分肯定了东北官话对北京官话形成的重要作用；对南京官话、北京官话的性质和地位问题做出了创造性的分析。认定辽金时代的幽燕方言是现代北京话的历史来源。

本文第三部分“汉语普通话发展史鸟瞰”，是在最广泛的意义上使用“普通话”这个概念的，即把历史上所说的“雅言”“正音”“官话”“通语”等译为“普通话”。通过系统研究，本文首次提出“一源三京”的发展观点。即各个时期的“普通话”有一个总根源，这个根这个源就是河洛方言。这个根源发展为“三京”——洛京、南京、北京。南京、北京官话是由两个南北朝造成的。第一个南北朝时期由洛京向南派生出南京“普通话”；第二个南北朝时期（辽与北宋、金与南宋）由洛京向北派生出北京“普通话”。

“普通话”是个多元统一体，而不是一盘散沙。

文中还提出了“始于一归于一”的观点。“始于一”的“一”指河洛正音，“归于一”的“一”指北京音为全国标准音。

世界上没有任何一种语言有汉语这么悠久的从未间断过的发展历史，也没有一种语言远在三千多年前就形成了自己的驾乎各方言之上的“普通话”。

“普通话”作为一个词语，只有百余年的历史，经过20世纪50年代的规范，已赋予特定的含义，这是狭义上的“普通话”。如果从广泛的意义上来说，汉语的每一个发展阶段都有自己的“普通话”。不仅现代汉语有“普通话”，近代汉语也有“普通话”，古代汉语也有“普通话”，远古汉语也有“普通话”。春秋时代所谓的“雅言”、汉以后所谓的“通语”“正音”“官音”“官话”“中州音”“中原音”，具体标准内容不完全相同，但其所指，实际上就是一定时代的“普通话”。更为重要的是：各个时代的“普通话”其基础方言可能有别，而总根子都来自夏商周三代的河洛方言。河洛方言就是“中原音”“中州音”“正音”“官音”，也就是“雅言”。“雅”者，“夏”也。河洛地区乃“有夏之居”，故此地方言称之为“夏言”。这一点，我在下文还会谈到。现在，我们先谈现代汉语中的“普通话”问题。

壹、现代汉语“普通话”定义的演进

一、从1955年的决议到1956年国务院关于“普通话”的指示

1955年10月15日至23日在北京召开了全国文字改革会议。在《决议》中提出“大力推广以北京语音为标准音的普通话——汉民族共同语”。会议做出了八条决议，有三条的内容都与学习推广普通话有关。决议还提出要“进行全国方言调查”，并“建

议中国文字改革委员会早日拟定汉语拼音文字方案草案”。[①] 紧接着全国文字改革会议之后，中国科学院10月25日至31日又在北京召开了《现代汉语规范问题学术会议》。“会议经过讨论，对于普通话和规范化的涵义都得到了一致的认识：普通话以北方话为基础方言，以北京语音为标准音”，“普通话的语音规范是目前首要的工作”。会议“建议组成普通话审音委员会”“组成词典计划委员会”“拟订《现代汉语词典》的详细编纂计划”。[②] 这两个决议都对“普通话”有规定性的解释，又都不完整。第一个决议只把普通话定性为“以北京语音为标准音”，第二个决议中“普通话”的内涵加进了“基础方言”。普通话的确定，语音（标准音）当然是首要问题，确定北京音为标准音，学习推广普通话才有可能。没有具体的标准音，“普通话”就成了无标准的空话。向谁学习？如何推广？而语言是一个系统，不仅有语音，还有词汇、语法。尤其是词汇，各方言分歧相当大。以哪个方言作为普通话的基础，这是必须解决的大问题。第二个决议提出“以北方话为基础方言”，就很好地回答了这个问题。在全国八大方言（如加上晋语则为九大方言）中，北方话位居头名。历史最悠久，人数最多，影响最大，与文学语言、书面语言的结合最紧密，它最有资格和条件成为普通话的“基础方言”。

为什么说这两个决议对“普通话”的界定“都不完整”呢？因为在“规范化”问题上还缺少参照。尤其是语法问题缺少具有操作意义的实际标准。“北京音”“北方话”都是原生状态，必须

① 《全国文字改革会议决议》.《中国语文》，1955年第11期.

② 《现代汉语规范问题学术会议决议》.《中国语文》，1955年第12期.

要经过规范才可成为“普通话”。要把北京音规范为“标准音”，经过学术研究、讨论，不难达成共识，而“基础方言”要提升为“普通话”，其规范难度就太大了，政府无从下死命令，学者专家也无法制定条文细则，唯一的办法就是让典范作品来说话。而如何对待典范作品，在“普通话”的定义中没有反映。罗常培、吕叔湘 1955 年 10 月在现代汉语规范化问题学术会议上做了题为《现代汉语规范问题》的报告。报告中有一段话已经接触到这个问题。

> 在汉语近百年的发展中，已经逐渐形成一种民族共同语，这就是以北方话为基础方言的“普通话”。这种“普通话”最近几十年来得到最广泛的传播。作为民族共同语的加工形式的文学语言——“白话”，有比“普通话”更长的历史，已经产生了并且正在产生着许多光辉的作品。但是，拿我们现在对于民族共同语的要求来衡量，则还是有所不足。这个不足，表现在两个方面：首先，民族共同语还不普及，还有很多人不会说普通话，只会说方言；其次，文学语言的规范还不是十分明确，十分精密。①

这段话已指出“白话”与“普通话”的历史关系。“白话”作为文学语言已有“许多光辉的作品”，而这些“光辉的作品”

① 《吕叔湘全集》．第十二卷，35 页，辽宁教育出版社，2002. 原载《语言研究》1956 年，第 1 期。《中国语文》1955 年 12 月登载了这个报告的“提纲”．

在文学语言的规范中有什么意义与作用呢？在“普通话”的定义中没有做出积极的规定。所以这个“规范还不是十分明确”，至于“十分精密，”这几乎是永远达不到的。

这个“不是十分明确”的“规范”到第二年就变得“十分明确”了。1956 年 2 月 6 日国务院发布《关于推广普通话的指示》。这个指示对“普通话”做出了具有准确内涵和深远意义的界定：

> 汉语统一的基础已经存在了，这就是以北京语音为标准音、以北方话为基础方言、以典范的现代白话文著作为语法规范的普通话。在文化教育系统中和人民生活各方面推广这种普通话，是促进汉语达到完全统一的主要方法。[1]

请注意“这种普通话”的提法。“这种普通话”已有别于历史上的那种“普通话”。“这种普通话”体现了历史发展的大趋势，又体现了政府规范的正确决策，也体现了汉语研究的新成果。它的主要特色是在语音、词汇、语法三个方面都有明确的标准，尤其是“以典范的现代白话文著作为语法规范”，这是前所未有的崭新提法。“现代白话文著作”有别于古代白话文著作，兴起于“五四”运动，这时已有 30 多年的历史。这类著作的语法结构以普通话的口头语言为基础，这是它的强大生命力所在；同时也吸收了欧化语法的某些特点，句式的表达更富有活力，多

① 《中国语文》总第 43 期，1956 年第 1 期.

样化。现代汉语语法一直没有统一性的法典，从“典范的现代白话文著作”中总结规律，这是最有效的规范。当然，由于“现代白话文著作”产生的历史不过30多年，“典范”不可能太多，而且所谓“典范”究竟有多少“典范”性，与口头语法贴近的程度如何，精密程度如何，都难以论断。但在“普通话”的定义中加上这个内容，则“语法规律”的研究、探寻、总结，毕竟有了着落。“规律”的总结，离不开“典范”作品，没有作品示范，现代普通话就不可能发展为成熟的文学语言，现代书面语的语法结构就不可能比口语语法更精确、更丰富、更具有影响力。

二、关于普通话定义的争论

在我们今天看来，《关于推广普通话的指示》中的“普通话”定义，似乎很简单，也很容易理解，而且觉得非如此定义不可，它的产生应该是很容易的，不会有什么曲折。其实，完全不是这样。“这种普通话”有这样的定义，能界定得如此完整，经历了一个漫长的过程，包含着许多人的实践经验和研究成果。在中国这样一个大国，文化如此悠久，文献如此丰富，方言如此复杂，文言的包袱又如此沉重，1949年之前国家又如此混乱，所以，关于语言统一，语言规范，并没有在理论上和事实上做出明确的、权威性的解决。正如王力1955年《论汉语规范化》所指出的：“汉族共同语还没有走完它的最后的成熟阶段——有充分统一的规范的阶段。”[①] 清末民初的情形，“五四”至1949年的情形，这里不谈了。就在20世纪50年代初着手对汉语实行规范时，许多

① 《王力文集》，第二十卷，77页，山东教育出版社，1991.

重要概念的内涵和有关概念之间的关系还存在重大分歧。如“普通话”“标准语”“北京话”等，应如何定义，它们之间是什么关系。王力和罗常培、吕叔湘等人的文章都谈到了当时的争论。

王力说：“争论的焦点在于用北京话作为标准语言呢，还是用普通话作为标准语。”①

罗常培、吕叔湘说：“解放以后，民族共同语的要求提到了日程上来，语言学者中间展开了关于共同语标准的争论。主张拿北京话做标准的同志们说……主张拿普通话做标准的同志们说……”②

鲍明炜在《略论汉族共通语的形成和发展》一文中也谈到这种争论。他说：“汉族人民有个共同使用的交际工具总算是不成问题了。这个共同使用的交际工具是什么呢？是北京话呢？还是普通话呢？大家看法不同，于是也发生了争论。我个人认为这个问题是不难解决的，所谓南腔北调的普通话，不过是现代汉语在语音上向着北京话集中的必然过渡现象而已，它同北京话没有什么本质上的差别，要是从发展上看，两者应该是一个东西。从目前的争论中看，主张以北京话为标准语的基础的人已经占了压倒的优势。但这是从表面上看的，从实质上看，问题并没有解决。因为占优势的主张并没有得出合理的结论，没有把北京话和普通话统一起来，只是在二者之中挑选一个，而另一个却被丢得远远的。”③

我认为，当时之所以发生争论，根本原因是对“普通话”这

① 《王力文集》. 第二十卷，56 页，山东教育出版社，1991.

② 《吕叔湘全集》. 第十二卷，42、43 页，辽宁教育出版社，2002.

③ 《中国语文》，1955 年第 6 期 .

个概念并没有严格界定。经过1955年、1956年的研究讨论，“国务院发出了关于推广普通话的指示，指示中给予普通话一个更明确的定义”。[1] 这就是说，在此之前，“普通话”的定义是不明确的。我们必须区分新旧两种不同的“普通话”概念，才可理解当时为何产生争论。用旧的“普通话”这个概念，就必然像王力所说的那样：“普通话和标准话是互相排斥的两个概念。”[2]

什么是旧的“普通话”？林焘在《关于汉语规范化问题》中说：“‘普通话’这个名称早已存在，一般是指不纯粹的北京话。瞿秋白同志曾对普通话的内容做了如下的说明：

> 最近三十年来，凡是新的研究学术所用的言语，工商业发展之中的技术上的言语，政治上社会上交际上的言语，事实上大半发生于‘南边人’的嘴里。——江、浙、赣、粤、湘、鄂、川等省人的嘴里。同时，这里又并没有历史久远的一个中心城市；大家只能学着北京话。结果，势必至于是‘蓝青官话’变成实际上的普通话。[3]

我们知道，各地的‘蓝青官话’都带有自己的地方色彩，很难找出一定的标准。如果想从各种不同的‘蓝青官话’中找出一个共同的标准，那仍旧是北京话，因为各地的‘蓝青官话’实际上都是以北京话为基础，但是都掺进了一些自己地方方言的成分，而掺进方言成分的多寡又是因人因地而异的。我们一般所指

① 《王力文集》. 第二十卷，86页，山东教育出版社，1991.

② 同上书，59页.

③ 《瞿秋白文集》. 2卷，673页，人民出版社，1998.

的‘普通话’就是这种‘蓝青官话’，这种普通话的产生是文学语言发展过程中所必经的阶段，由这种普通话可以看出来方言怎样逐渐趋向于文学语言。”①

王力对“普通话”的理解与林焘的理解略有不同。他说：“就一般情况来说，大城市中的‘普通话’实际上是以本城市的地点方言为基础，语音、词汇、语法各方面都带着相当浓厚的地方色彩。咱们可以说，有以吴语方言为基础的普通话（如在上海的机关学校里），有以粤语方言为基础的普通话（如在广州的机关学校里），上海人和广州人用普通话交流，有时候不容易互相了解，就因为在普通话里包含自己方言的成分太多了些。谁能尽量接近以北京话为基础的普通话，谁的话就比较容易为不同方言区域的人所了解。实际上，汉族共同语正是拿北方语做底子的。这种民族共同语实际上已经形成。”② 王力强调“普通话”的地方性，同时也注意到北方普通话已经成为民族共同语的底子。

至此，对“普通话”问题我们可以做一总结。“普通话”这个概念和“普通话”的实际发展，可以分为两个阶段。1956 年以前是一个阶段。从清末以“普通话”代替“官话”之日起到 1955 年止，这时的“普通话”是“蓝青官话”，是“南腔北调的普通话”，是“包含自己方言成分太多了些”的普通话，是“拿北方话做底子的”普通话。它的内涵很不确定，它的标准很不明确。可这个阶段的“普通话”具有重要意义。正如鲍明炜所言：

① 林焘.《关于汉语规范化问题》.《中国语文》，1955 年第 8 期。又见《林焘语言学论文集》，240 页，商务印书馆，2001.

② 王力.《论汉族标准语》.《中国语文》，1954 年第 6 期。又见《王力文集》第二十卷，58 页，山东教育出版社，1991.

这种普通话，“不过是现代汉语在语音上向着北京话集中的必然过渡现象而已”。也如林焘所言：“这种普通话的产生是文学语言发展过程中所必经的阶段，由这种普通话可以看出来方言怎样逐渐趋向于文学语言。”可以说，没有这第一阶段，就不可能有1956年的第二阶段。新“普通话”的定义是在旧“普通话”发展的基础上提出来的。新“普通话”的定义与“北京话”完全是统一的。这个定义出现在国务院的指示中，它的权威性、学术性、社会性得到了全面肯定。对“普通话”定义的统一、规范，是现代汉语走向规范化的最重要的成果之一，是中国语文转向过程中极为重要的一个具有战略意义的决策。罗、吕二位先生在裁判“普通话”或“北京话”作为统一规范的标准之争时，认为普通话和北京话本来就不是对立的东西，“在民族共同语的历史发展中，它们已经统一起来”。我们只能说，在理论上是如此，而在事实上人们并没有把“普通话”和北京话统一起来。罗、吕接着说：“我们现在应该批判那错误地加在‘普通话’这个名称上的不正确的含义，使它恢复‘有规范的民族共同语’的含义。”①这个“批判”显然违背历史事实，过于简单化。所谓“不正确的含义”，并不是人们故意“错误地”“加”上去的。试问：在1955年现代汉语学术规范之前，“普通话”的“含义”究竟是什么？有哪一个官方机构给“普通话”下过正式的定义？是的，在20世纪初，“普通话”（普通语）和“国语”这两个概念同时从日本引入，两个概念的意思也一样。到20年代下半期，确立了以

① 罗常培，吕叔湘.《现代汉语规范问题——在现代汉语规范问题学术会议上的报告提纲》.《中国语文》，1955年第12期.

“京音”为“国语”或“普通话”的标准音。从这个意义上来说，北京音和“普通话”的关系的确“统一起来”了。可人所共知，当时的正式文书和相关机构都是以“国语”命名。“国语”和“普通话”这两个概念已有在朝与在野之分，地位有正式与非正式之别。大陆解放之后，台湾还沿用“国语”“国音”这些旧名，而大陆内地却弃“国语”“国音”而不用，让“普通话”取而代之。这种名称上的变化当然有很深远的考虑，其意义跟不用“国语”而专用“汉语”是一样的。而这种名称上的规范有谁做出过解释、论证？没有。因此，人们（包括著名的语言学大家）对“普通话”的理解有分歧，是正常现象。硬要来“批判”一通，这就是拿新定义来否定历史事实了。中国学术界，在1955年、1956年之前，也就是新定义出现之前，一直把“普通话”看成“蓝青官话”。林焘引瞿秋白的话很有代表性。1920年（民国九年）教育部明令规定：把国文教科书一律改为“国语”。1921年，胡适在《国语运动的历史》中说：“所谓国语，是指从长城到长江，从东三省到西南三省，这个区域里头大同小异的普通话。”[1]“现在把这种已很通行又已产生文学的普通话认为国语，推行出去……这是建立国语的唯一方法。”“你要想学官话，千万不要怕说蓝青官话。你不经过蓝青官话，如何能说纯青官话呢？”[2] 在胡适这里，是先有“普通话”，后有“国语”。“普通话”是历史发展的结果，其性质为“蓝青官话”；“国语”是当时“认为”的，是政府“建立”的。其公式还是：

① 《教育杂志》13卷11号，1921年11月. 见《胡适学术文集·语言文字研究》，309页，中华书局，1993.

② 《国语讲习的同学录》序. 见《胡适文存》一集，173页，黄山书社，1996.

普通话（蓝青官话）= 国语

1925年，钱玄同在《理想的国语》中说："适之先生的见解，比前派自然要高明得多多了。他因为普通话已很通行又已产生文学，所以主张认它为国语，把它推行出去，这确是很有道理的见解。但我觉得尚有未尽。我认为以普通话为国语的主干，则可；国语而限于普通话，则不可。还有，这里所用'普通'一词是很模糊含混的，所以我们使用普通话，只可神而明之，存乎其人，……普通话就是官话。官话本出于元朝的北京话……官话虽然号称普通话，通行的区域很广，然而夷考其实，是全无标准的。我们简直可以说，凡官话都是'蓝青官话'。惟其如此，所以在实际上，说到官话，大家都隐隐以北京话作为标准，某人能说得一口好北京话，大家便赞他官话说得好。实际上既然如此，则我说以北京话为国语的主干，既无异于说以官话（或普通话）为国语的主干"。[①] 虽然，此后"普通话"已经"以北京话作为标准"，但这个"标准"在民国时代从来就没有认真推行过（除了抗战后台湾的国语运动）。不要忘记，到了1936年，上海南京一带还有688名文化教育界人士由蔡元培领头发表《我们对于推行新文字的意见》，反对国语统一运动，认为"国语罗马字崇奉北平话为国语，名为提倡国语统一，实际是来它一个北平话独裁"。[②] 国民政府对国语标准音的规定都只不过是一纸空文，遑论对"普通话"这类概念的统一理解。钱玄同说的"神而明之，存

① 《钱玄同文集》. 第三卷，229页，中国人民大学出版社，1999年，原载1925年9月6日《国语周刊》第13期.

② 倪海曙.《中国语文的新生——拉丁化中国字运动二十年论文集》. 120页，时代出版社，1949.

乎其人”（原话出自《周易·系辞上》），恐怕在1956年之前一直是这样的情况。在中国语言学史上，有许多概念要重新清理，模糊笼统的情况实在太严重了。如所谓“官话”“普通话”“国语”……都有这样的问题。

贰、现代汉语普通话的历史来源

现代汉语普通话当然是由近代汉语“普通话”发展而来的，可近代汉语始于何时，近代汉语“普通话”的基础方言在哪里，是北京官话还是南京官话还是中原官话，看法不一。这是正常的，因为学术界对这个重大问题，还缺乏深入的研究。

一、钱玄同、杨耐思、林焘、俞敏、李新魁、鲁国尧等人的看法

最早对现代普通话的历史来源提出看法而且有相当影响的是钱玄同。

钱玄同说：“普通话就是官话。官话本出于元朝的北京话。”这是1925年钱玄同在《理想的国语》一文中说的。[①]

“后来北曲作得多了，周德清据了来作《中原音韵》，于是元朝的标准新韵书就出现了。北音在政治上认他为一种很漂亮的官音，在文学上又认他为一种很有价值的新韵。因为这两个原故，渐渐就成为全国的普通语音了。……到了现在，制定国音，还是沿用《中原音韵》和《洪武正韵》一系的音。”这是钱玄同在

① 《钱玄同文集》. 第三卷，226页，中国人民大学出版社，1999.

《国音沿革六讲》中说的，时为 1920 年。①

“此六百年之普通口音，即为《中原音韵》《洪武正韵》等韵书之音。”这是钱玄同在《文字学音篇》中讲的。时为 1917 年。②

从 1917 年到 1925 年，钱玄同对普通话的历史来源一直追溯到《中原音韵》，从未改变这一主张。直到 20 世纪 70 年代末，也可以说直到现在，仍然是最有影响最有代表性的观点。如：

杨耐思《普通话语音探源》：“从历史上考察，北京音的渊源至少可以追溯到 600 多年的‘中原之音’。元周德清（1277—1365）著《中原音韵》(1324）就是以‘中原之音’为审音的标准的。《中原音韵》‘为作词而设’，其创作意图主要为当时的北曲创作和演唱制定语音的规范。”③

林焘先生《北京官话溯源》：“所谓元大都话，实际是辽金两代居住在北京地区的汉族人民和契丹、女真等族经过几百年密切交往逐渐形成的，到元建大都时已趋于成熟，成为现代北京话的源头。”④

从 20 世纪 80 年代开始，现代北京话的语音来源问题出现了一些新的说法。新说颇为分歧，有一点是共同的，否定元大都话（也就是《中原音韵》）与北京音的源流关系。如，俞敏说：“最近看了一本书，讲元大都演戏的话就是现代北京话语音为基础的普通话的来源。其实元曲韵书记录的音（特别是‘入声字’）有好多跟现代北京音不合，因为现代北京人不是大都人的直接后代。

① 《钱玄同文集》. 第五卷，76、77 页，中国人民大学出版社，1999.

② 同上书，8 页 .

③ 《近代汉语音论》. 227 页，商务印书馆，1997.

④ 《林焘语言学论文集》. 175 页，商务印书馆，2001 年，原载《中国语文》1987 年第 3 期 .

讲学术史忽略了人民的历史，那话常常是‘模糊之谈’。青年学者们不可以不注意。”[①] 此说要点有二：一是现代北京人非元大都人后代，二是现代北京音与《中原音韵》多有不合。似乎俞先生未读钱著，所以“最近看了一本书”之后才知道他所反对的论点。

1980 年，李新魁发表《论近代汉语共同语的标准音》，“不同意有些学者所持的元朝时北京音就成为汉语共同语的标准音以及《中原音韵》代表的是‘大都音系’的看法。本文认为只是到了清代中叶以后，北京语音才提升到汉语共同语标准音的地位。”“元代汉语的标准音是中州音”，“明清时代的‘正音’‘雅音’‘汉音’‘官音’等仍是指中州音。”[②] 李所说的“中州音”即“河洛音”，或曰洛阳音。他认为《中原音韵》的语音基础就是洛阳音。此说不仅误解了《中原音韵》，也误解了另一部韵书《中州音韵》。

1985 年，鲁国尧在《南京大学学报》第 4 期发表《明代官话及其基础方言问题》，此文仅根据《利玛窦中国札记》中的有关材料，推断“当时‘官方的国语’（即官话）的基础方言和标准音应该是代表着江淮方言的当时的南京话，而不是后来的北京话。”[③] 那么北京话如何成了现代普通话的，鲁文未涉及。鲁文在海内外颇有影响。林焘不赞同此说。在《北京官话溯源》的一条注文中，林先生说：“俞敏（1984）认为现代北京话受安徽话影

① 《俞敏语言学论文二集》. 26 页，北京师范大学出版社，1992.

② 《李新魁自选集》. 150 页，河南教育出版社，1993 年，原载《语文研究》1980 年第 1 期 .

③ 此文收入《鲁国尧语言学论文集》，508—521 页，江苏教育出版社，2003。此处引文为李思敬语 .

响较大，鲁国尧（1985）认为南京话‘或许即为官话的基础方言’，都是根据明初移民的情况所做的推测。”①

应当肯定：俞、李、鲁的立论都有一定的事实为据，为什么还是不能作为定论呢？

二、分歧的原因与应思考的两个问题

材料方面的原因是分析、综合都欠缺，对材料的发掘也不够，对某些材料甚至理解大误。如说：“当苏辙奉命赴辽，到了燕市之时，当地的汉人已很难听到华夏的语言，这是汉语进一步为外族语同化的前奏。”② 这个结论说明作者对材料的解释与掌握都有问题，下文还要细说。

原因之二是方法不对头，表现为立论片面，以偏概全，以点代面。又表现为立论缺乏历史观念，不以发展的观点进行概念分析，甚至以今律古。

这也难以避免。关于“普通话”的历史研究为期甚短，许多材料还有待于进一步发掘，不可能一下子就能彻底解决问题。

从材料与方法两方面结合起来考虑，我建议讨论者应思考以下两个问题：

第一，要分清书本上的概念与实际语言之间的矛盾。

在我们讨论现代汉语普通话的历史来源时，免不了都要引用古人的话来作为证明，这当然是必要的，甚至是非常有力的，而问题也往往就出在这里。古人在这个问题上所发表的意见所使用

① 《林焘语言学论文集》. 176 页，商务印书馆，2001；《李新魁音韵学论集》. 238 页，汕头大学出版社，1997.

② 《李新魁音韵学论集》. 238 页，汕头大学出版社，1997.

的概念不外乎两类，一类是地域名称，一类是音韵术语。说话人在使用这些概念时都有具体的时间、具体的地域和特定的文化观念，我们不能不加分析地引用。而且古人的判断也往往是已过时的旧说，是因袭他们的前人的旧说，在这种情况下，“尽信《书》则不如无《书》”。下面我们讨论所谓河洛音是《中原音韵》基础方言的几种证据。只举四例：

1. 唐末李涪《刊误·切韵》：“凡中华音切，莫过东都。盖居天地之中，禀气特正。”[①]

2. 南宋陆游《老学庵笔记》卷六：“中原惟洛阳得天下之中，语音最正。”（上海商务印书馆，中华民国二十二年八月一版）

3. 明吕坤《交泰韵·辨五方》：“中原当南北之间，际清浊之会，故宋制《中原雅音》，会南北之儒，酌五方之声，而一折中于中原。谓河洛不南不北，当天地之中，为声气之萃。我朝《正韵》皆取裁焉。周氏德清，高安人也。力诋沈约，极服中原。”

4. 清潘耒《类音》：“河洛天地之中，雅音声韵之正。”（3、4 两条转引自《李新魁自选集》，158、161 页）

这四条材料都不能证明《中原音韵》的基础方言是洛阳音、中州音，更不能证明“明清时代的‘正音’‘雅音’‘汉音’‘官音’等仍是指中州音”。[②] 为什么？

理由有二：河洛居天地之中，语音最正，这是武王、周公经营洛邑之后所形成的传统语言文化观。所谓“正”就是“雅”。“正音”“雅音”，从周秦至汉魏，都是指的洛阳音、中州音。这

① 李涪.《刊误·切韵》. 辽宁教育出版社，1998.

② 《李新魁自选集》. 156 页，汕头大学出版社，1997.

一点我在下文还会进一步讨论。而李涪、陆游、吕坤、潘耒等人所涉及的时代，从唐末到清初将近八百年，语音能无变化吗？还只有洛阳音才算是“正音”吗？显然说不通。陆游、潘耒的话只是反映传统的古老的语言文化观，与《中原音韵》时代的语言实际情况不完全相符，甚至是根本不符。

李涪的《刊误》写于黄巢毁灭洛阳城之后，那时的洛阳“为巨寇焚爇，庙室悉成煨烬，况乎城阙崩坏，宫室丘墟”。（《刊误》卷上）李涪卒于唐昭宗乾宁初年，殁后不久，梁王朱温强行迁唐都于洛阳（904）。后来的“梁、唐、晋、汉、周常以为郡。唐故为东都。梁为西都，后唐为洛京，晋为西京，汉、周因之”。[①] 洛阳音的地位当然高于其他方言区。这时的洛阳音已非颜之推、陆法言时代的洛阳音。浊上变浊去，东冬钟不分，近代汉语语音已从此开始。据孙光宪《北梦琐言》卷九记载：“涪改《切韵》，全刊吴音。当方进而闻于宰相，佥许之。”由于“巢寇犯阙，因而寝止”。[②] 这是汉语语音史的一大损失。他的《切韵》“刊误”如能问世，肯定是研究当时洛阳音、研究近代汉语语音的最好资料。

现在说李涪时代的洛阳音跟当时的幽州音是什么关系。由于地理、政治、文化、人口迁移等方面的原因，幽州语音跟洛阳音的关系一定是很密切的，很可能是大同而小异。而有一个很重要的事实会冲淡这种关系，就是李涪去世后四十年左右，石敬瑭把燕云十六州割给了契丹，幽州语言在受到洛阳音、中州音影响的同时，更多地会受到东北地区、内蒙古高原地区汉人语音的影

① 《新五代史·职方考》. 737页，中华书局，1997.
② 《北梦琐言》. 77页，中华书局，1960.

响，契丹等少数民族的汉化也会给汉语造成影响。所以，简单地说后来的元大都音是以洛阳方言为基础，这是忽视了辽、金地区汉人的语音变化，于理于事都难以圆其说。

陆游的话更应分析。陆游出生时，契丹辽已经被金兵打败（1125，辽亡，陆游生），紧接着，北宋王朝也随之灭亡。河洛地区沦为女真人的地盘，更不要说幽燕了。幽燕在辽与金的统治下达 300 多年之久，洛阳话的“正音”地位逐渐让位给燕京。到了元代，燕京已成为北方普通话的基础方言点，成为现代普通话发源地，这是陆游所无法预料的。

至于潘耒所说，只不过是一种历史的追忆，于北京话的历史来源，毫无证明意义。

吕坤的话，很值得我们重视。这就是我要说的理由之二，对“中原”“中州”之类的概念要具体分析。吕坤这段话并不是严格意义上的方言语音分析，他把“宋制《中原》”,元代周氏的《中原》和明代的《正韵》都与洛阳音等同起来，语音观念如此粗疏，何以“取裁”？东、西、南、北、中本来是一些具有相对特点的方位概念，尤其是社会出现大分裂时，以这类方位词命名的地方名称，在后人看来就有点混乱。宋代的“中原”在大多数情况下是指河洛地区。他们的政治地理观念是三分天下：中原、江南、北虏。到南宋时，“中原”概念已扩大到包括幽燕地区在内，如范成大于孝宗乾道六年（1170）奉命出使金国，到了金中都（今北京），留下了一部《揽辔录》。其中有“虏既蹂躏中原，国之制度，强慕华风，往往不遗余力”。[①]（《丛书集成初编》本文

① 《范成大笔记六种》. 16 页，中华书局，2002.

字有出入："金既蹂躏中原之地，制度强效华风，往往不遗余力。"）光宗绍熙三年（1192）陆游写了一首《夜读范致能〈揽辔录〉》，言中原父老见使者多挥涕，感其事作绝句。又《示儿》："王师北定中原日"，这些"中原"应指整个北中国，不仅仅指河洛地区。元代的"中原"可泛指汉族农耕地区，相对立的概念是"塞北""岭北"等。当忽必烈未即帝位设幕府于和林川时（其地在今蒙古国境内），1247 年（元定宗二年）曾召见真定总管府参佐张德辉（山西交城人）。张德辉记录此次北上旅程，留下了《岭北纪行》一文，其中提到"中原"。"由岭而上（岭指扼胡岭，在张北县城南五十里），则东北行，始见毳幕毡车，逐水草畜牧而已，非复中原之风土也。"[①] 张德辉说的"中原"就是与牧区相对而言的。从辽金到元，中国的北部边境不断扩大，范围及于整个蒙古高原，辽金时代政治中心又不断南移，人们的地理观念也随之而变。幽州由南京变为中京再变为大都，从漠北、塞北向南望，它当然也算是"中原"了。我们没有任何理由还用古老的观念来理解周德清所说的"中原"一定是指洛阳而不是指北京。吕坤《交泰韵》的"分部纯用河南土音"，[②] 与周德清的《中原音韵》不完全一样。在明王朝的北京，不可能以河南土音为标准音，"河南土音"也不可能是由大都音发展而来，现在的北京音更不可能是由明代的"河南土音"发展而来。从辽金开始，洛阳音与北京音就是平行发展的关系。笼统而言，不做音韵系统的细致分析，它们都可以称之为"中原"音。但从地位而

① 贾敬颜.《五代宋金元人边疆行记十三种疏证稿》.339 页，中华书局，2004.

② 《四库存全书总目提要》(上册).385 页，中华书局，1983.

言，新起的北京音已大大高于唐宋时的洛阳音。

第二，要分清不同官话的不同性质、不同地位、不同标准。

如果我们这样提问题："明代官话的基础方言是什么?"这个问题本身就不能成立，无法回答，且有以今律古之嫌。我们现在全国只有一种普通话，是法定的，有明确的基础方言、语音标准。明代，乃至清代就不是这样了。明代有南京官话、中原官话、北京官话……论地位，以北京官话、南京官话最为重要。当我们回答官话的基础方言是什么时，要看你问的是哪一种官话。明代北京官话由元之大都话发展而来，最有力的证据是徐孝的《等韵图经》。《等韵图经》与《中原音韵》相差无几，一脉相承。南京官话的老底子是东晋传过来的中原官话与吴语相结合的产物，与北京官话差别明显。请注意，我的论点是：

> 官话的性质是一回事，官话的地位又是一回事。性质取决于基础方言，地位取决于政治，更取决于文化。

如果把地位和性质搅和在一起，就会得出这样明显背于事理的结论：

> 明代官话的基础方言未必以北京音为标准；
> 明代的汉族共同语即官话是有入声的。

这是以一种官话的地位来改变、否定另一种官话的性质。造成这种错误的原因就是以偏概全，以点代面。

鲁国尧从《利玛窦中国札记》中发现神父们以南京官话为通

语的事实很有启发意义，但其意义只不过是让我们认识到：当时南京官话的地位高于北京官话。仅此而已，不可做过头的引申。

我于去年 11 月读到一条材料，可证南京官话在清朝初年还有很高的地位。为我们提供这种材料的是 1706 年就定居巴黎的福建省莆田县人黄嘉略（1679—1716），他的西文名字叫 Arcdde 或写作 Arcadius，Arcddio。把这种材料翻译介绍到国内来的是许明龙先生。

2004 年 1 月中华书局出版了许先生的《黄嘉略与早期法国汉学》。此前，1986 年他就在《社会科学战线》第 3 期发表了《中法文化交流的先驱黄嘉略》。而我最初知道这位阿卡蒂奥·黄，是在读了美国耶鲁大学历史学家史景迁的《有历史记载的最早赴法的中国人》之后，史文登载在乐黛云主编的《跨文化对话》第 7 期上。文章只简要介绍了黄在法国的活动、经历，没有谈到黄有一本未出版的《汉语语法》。许书对黄嘉略的研究很全面，很深入。

黄嘉略是天主教教徒，1702 年随巴黎外方传教会传教士梁弘仁（Artus de Lionne，1655—1713）赴巴黎，抵巴黎之后又随梁弘仁赴罗马，1706 年又回到巴黎，一直到逝世。这期间，他被任命为国王路易十四的中文翻译，在国王图书馆整理中文书籍。有关方面要求他编写汉语语法和汉语字典，黄接受了这两项重大任务。许明龙在巴黎外方传教会图书馆档案馆见到了黄编写的《汉语语法》原文残稿和序、《汉语语法》续编大纲等。《汉语语法》中“关于官话”有如下论述：

> 官话又称正音，是一种全国通用的口头语言。官话的“官”字可理解为官方、共同、普遍、公众等义，官

话的意思就是普通话。……最佳的官话发音是南京，北京也还可以，但两地的发音略有差异。①

这里明确提到有南京官话、北京官话，“最佳的官话发音是南京”。这就为《利玛窦中国札记》中太监赠送南京男孩教神父学南京官话一事提供了有价值的参证。但请特别注意：这并不能证明北京不存在官话，也不能证明北京官话有入声，更不能证明北京官话是来自南京音而不是来自大都音，因为这只是地位问题，与性质无关。

下面我们要问，为什么从明代至清初，南京官话的地位要高于北京官话呢？对此，黄嘉略和他的法国合作人弗雷莱（Nioclas Frerét，1688—1749）给我们提供了很有价值的资料。黄嘉略认为：

由于南京曾是明朝的首都，所以，官话是以南京话为基础，吸收其他北方方言而形成的。②

弗雷莱认为：

我们在这里所说的汉语就是传教士所说的官话，官话并不是官员的专用语言，而是人们普遍使用的语言。北方人从农夫到官员大多讲官话，南方六省被北方人占

① 《黄嘉略与早期法国汉学》. 150 页，中华书局，2004.

② 同上书，151 页 .

> 领后，南方人也开始讲官话，但是由于受方言的影响，南方官话不纯，事实上是一种混合语（盈按：也就是后来的蓝青官话）。官话的中心是南京，北京宫廷里的人虽然逐渐习惯了北京话，但是文人们认为北京话有较多的粗鲁成分，因而不予好评。[1]

这两条材料太珍贵了，不过还须进一步分析。他们说的是康熙年间南北官话的情况。明代的官话情况也应基本如此，即南京官话与北京官话之间有一种竞争关系，而且近四百年间南京官话在一定范围之内占上风。如果说占上风的原因是由于“南京曾是明朝的首都”，那么从金到元到明到清，北京不也是首都吗？而且从 12 世纪以来，北京作为首都的时间比南京要长得多。当然，不可否认，南京曾作为首都，明成祖永乐十九年迁都北京之后还是陪都，这对南京官话的竞争能力的提高无疑有一定的作用。

南京话占上风的根本原因“是文人们认为北京话有较多的粗鲁成分，因而不予好评”。这就点出了关键所在。读到此话，我不禁拍案叫好！

所谓“粗鲁成分”，这是标准问题。是以北方的口语官话为标准呢还是以南方文人们的官话为标准呢？在南方文人们看来，北方官话既失去了入声，又有那么多“儿化”“轻声”，词汇系统中的北方口语词汇又不如文人们所用词语那样古雅，这都属于“粗鲁”。康熙二十六年入华的法国耶稣会士李明（Le comte,

① 《黄嘉略与早期法国汉学》. 233 页，中华书局，2004.

Louis Daniel，1655—1728）神父，在《致法国第一重臣大主教兰斯公爵》的信中说：

> 这个语言还具有一些特点使之有别于其他语言。首先，书面语和口语截然不同，而最文雅的口语一旦印在纸上就会变得粗野而令人反感。为了文章写得好，必须运用更精练的术语，更典雅的短语，使用一些平时不常用的，而适合于书本中使用的特殊的技巧，文笔上与通常的选词用词法之不同，更甚于我们最晦涩的拉丁诗人之对于最平淡无奇，最自然的散文。[①]

李明说的“书面语”是指脱离口语的文言文，跟以北方官话为基础的白话文大不相同。文言文又与科举教育制度结合在一起，不仅在书面语中占统治地位，也直接影响到文人们的口头语言。作为一个外国人，李明对此观感很深。他说：

> 中国人的口才表现在使用生动活泼的熟语，典雅的隐喻，大胆而不空泛的比较，尤其善于引用在他们当中颇有影响的古人的数不胜数的警句和名段。……文笔精练，深奥莫测，晦涩难懂，且不甚连贯。他们几乎不运用我们口语中用以装饰和上下连贯的虚词。有时好像他们说话就是让人听不懂。……在说话时，就要经常停一

① ［法］李明．郭强，等，译．《中国近事报道（1687—1692）》．167 页，大象出版社，2004.

> 下：我亲见一些大学士，在日常会话中，为了明白自己在说什么，不得不用手指在空中描画着那个表达自己话语的而字义通过发音又不易确定的特殊的字。①

官僚多为文人出身，他们在官场使用的官话应是以南京官话音为基础，而掺杂一些文言词语、典故、《诗》云、“子曰”、《四书》《五经》中的现成语句。所以，李明虽然学的是南京官话，认为“说话的声音相当悦耳，尤其在南京省，那里的声调比任何其他地方都好听”。② 但他的文言水平肯定不行，故有“有时好像他们说话就是让人听不懂”的感觉。“官话”如此复杂，如此不好掌握，给学习汉语的外国人带来极大困难。请听他们的抱怨：“汉语是一种古老的语言，可追溯到巴别塔时代，文献资料也是浩瀚如烟海。我有时想，如果汉语像希伯来语一样，或者中国索性像印度和非洲那样没有遗留下古代的文献，那我的工作一定会容易得多。”③ 另一位美国传教士何天爵在《真正的中国佬》中说：“中国人有着一种迂腐的卖弄学问的习尚。具体表现在他们喜欢寻章摘句、堆砌辞藻，引用一些久已为人们所遗忘的字词以故作高深。他们为了显露自己的学识，最喜欢采用的方式便是向皇帝进献一篇东拼西凑、鱼龙混杂的歌功颂德的文章；或者从那最古老的汉语废墟里挖掘出一些残词碎语重新使他们复活，然后用它们编造出一篇政论文章呈给皇上。这种

① ［法］李明．郭强，等，译．《中国近事报道（1687—1692）》．167、168 页，大象出版社，2004.

② 同上书，168 页．

③ ［美］卫斐列．顾均，江莉，译．《卫三畏生平及书信——一位美国来华传教士的心路历程》．105 页，广西师范大学出版社，2004.

做法极大地增加了学习和研究汉语的困难，使它变成了一件无边无际的苦差事。”[①]

官场的书面语为文言文，所以，“官话”“即文人的语言”。[②]“官话是官员和受过教育的人说的语言。”这种语言由于与口语有距离，其严重后果就是：“造成中国人和外国人之间互相憎恶和摩擦的原因是他们无法理解对方的语言和愿望。”[③]

伯农在为葡萄牙入华传教士安文思（1609—1677）神父的《中国新史》所写的法文版序言中说：

> 我还使用“曼达林”这个词，葡萄牙人把它用来指暹罗、交趾支那、东京和中国的官员……它来源于Mandar，指挥，包括各类官员和长官。[④]

在英语中，Mandarin这个词，既指中国的官员，又指中国的官话。官员说官话，在一定意义上可证“官话”的性质。19世纪美国来华的外交官威妥玛（Thomas Francis Wade，1818—1895）在他的《语言自迩集——19世纪中期的北京话·第一版序言》中说：

> 某些标准是必需的。几乎所有外国人听人说起汉语口语时，可能都会留意到其中的一种，即所谓“the

① ［美］何天爵．鞠方安，译．《真正的中国佬》．37页，光明日报出版社，1998.

② ［法］老尼克．钱林森，等，译．《开放的中华：一个番鬼在大清国》．162页，山东画报出版社，2004.

③ ［美］卫斐列．顾均，江莉，译．《卫三畏生平及书信——一位美国来华传教士的心路历程》．65页，广西师范大学出版社，2004.

④ ［葡］安文思．何高济，等，译．《中国新史》．7页，大象出版社，2004.

Mandar in Dialect”。这就是“官话（kuan hua）”；严格说来，应译作“官府口头语言（the Oral Language of Government）”。“官”字，即衙门（official），已通过葡萄牙语而被欧化为“Mandarin”，而这个术语，正如埃德金斯先生（Mr. Edkins 盈按：又译为艾约瑟、约瑟夫。英国传教士，1848 年来华，1905 年卒于上海）所说，作为“官”的等价物，已变得太合适方便了，以至于“Mandarin”再也不能被轻易地放弃了。[①]

威妥玛在《序言》中还正确指出，当时有“官话口语”和“官话的书面语”。标准是什么，他引用了埃德金斯的看法：“他认为南京官话（Nankins mandarin）在更大的范围被理解。”[②]也就是直到道光年间，南京话仍然锋头颇健，虽然不是独领风骚。

我们在前文引用弗雷莱的观点，说“北京话有较多的粗鲁成分”，因而文人们“不予好评”。这是南京话比北京话受重视的关键所在。其实“关键”后面是文化问题，文化后面是经济问题。

北京是政治中心，南京是文化中心。从辽到金元，北京一直是政治中心，可从文化方面来看，契丹人、女真人、蒙古人、满人，他们在书面文化、思想文化、精神文化、传统文化等方面，能影响、驾驭这个文明古国吗？不能。辽金统一了北方汉语，元

---

① 威妥玛．张卫东，译．《语言自迩集》．14 页，北京大学出版社，2002.

② 同上．

朝统一了全国，而北京的文化始终不如南京。即使明清二代，北京的文化名人，学术大家，政界名流，还是以南人居多。南京的文化地位始于六朝，唐末五代之后，北方经济与文化逐渐衰落，东南经济文化繁荣。南京处于江南要地，“衣冠文物盛于江南，文采风流甲于海内”（清代余怀《板桥杂记·序》）。“真欲界之仙都，升平之乐国也。”（《板桥杂记·雅游》）“阿房宫，三百里，住不下金陵一个史。东海缺少白玉床，龙王请来金陵王。”（《红楼梦》第四回）如此繁华富庶，南京官话能不赛过北京官话吗！

三、决定官话地位的三个条件

一种官话的命运，也就是一种官话的地位，固然取决于该官话的文化经济基础，但更直接的因素是取决于该官话与文学语言相结合的程度，取决于操此官话人数的多少，取决于政府对此官话的支持与选择，这三条缺一不可。

从唐末五代到明清，中国形成了两种对立的文学语言。一种是新兴的以北方官话为基础的白话文学语言，一种是古老的传统的以中古音（有入声，分清浊，分尖团）为基础的文言文学语言。明清二代，中国的进士、翰林、状元多集中在东南地区，他们使用的书面语就是文言文学语言。

谭其骧根据清人黄大华所辑《明宰辅考略》中提供的资料做了一个分析。明代自永乐初至崇祯末，历任内阁大学士共163人。其中南直（包括今江苏、安徽、上海）、浙江、江西、福建四省共得86人，占总数53%；是全国文化最发达的地区。明制内阁大学士皆由翰林出身，所以这个分析大致可以反映各地区文化程度的高下。[①] 在同一文中，谭其骧又对《明史·儒林传》的人物籍贯进行了分析，全《传》共著录115人。“东南四省占了全国总数76.5%，北方四省（陕西、河南、山东、山西）仅占16%。”[②]

清代文化最发达的地区仍然以东南为最。以科举为例：“据顺治丙戌（1646）至光绪甲辰（1904），112科全表而统计之：状元为江苏49，浙江20，安徽9……。榜眼为浙江29，江苏26，江西10……。探花为江苏42，浙江27，湖南6……。传胪为浙江29，江苏27，安徽12……。会元为江苏40，浙江32，直隶、安徽各9……。就此以观，首选人数之最多者为江苏、浙江两省，尤其在乾隆以前，安徽、江西、山东、直隶等省次之，余省皆为数无几。”[③]

出状元、榜眼、探花最多的地方，文言普及率、古典诗韵普及率肯定比其他地方要高。从孩提时代开始就进入了古典文学语言的训练阶段。从私塾到书院，从童生到秀才、举人、进士，从下级小吏到高级官员，从八股文、试帖诗以及策论之类，所用书面语言全是文言文。不会读文言文，不会写文言文，甚至口语中不会转文言文，科举仕途就断绝了。《儒林外史》虽然是小说，它对教育制度、科举制度的描写可以当作历史来读。书中有一位鲁小姐，她生了个儿子才4岁，就“每日拘着他在房里讲《四书》，读文章”。（第13回）长大了还不满口转（zhuǎi）文！下面是鲁小姐的丈夫蘧公孙与马二先生的对话，可见当时即使是一般的小文人的平常交际用语也是文绉绉的。

---

① 谭其骧.《长水粹编》. 381页，河北教育出版社，2002.

② 同上书，382页.

③ 商衍鎏.《清代科举考试述录及有关著作》. 191页，百花文艺出版社，2004.

马二先生看了贴子，说道："尊名向在诗上见过，久仰久仰！"

公孙道："先生来操选政，乃文章山斗，小弟仰慕，晋谒已迟。"

公孙又道："先生便是处州学，想是高补过的。"

马二先生道："小弟补廪二十四年，蒙历任宗师的青目，共考过六七个案首，只是科场不利，不胜惭愧！"

公孙道："遇合有时，下科一定是抡元无疑的了。"[1]

当然，北方文人见面聚会时，也会转文的，但北方的文运从唐末五代以后就远不如南方，文言文作为文学语言，其普及面和普及程度，肯定是北不如南。《归潜志》的作者刘祁说："金朝名士大夫多出北方。""自古名人出东、西、南三方，今日合到北方也。"[2] 他说这话，只局限于金朝统治范围之内。金文化也有可观之处，可与偏安东南的南宋文化无法比拟。

南北文化的差异以文学语言形式的差异最为明显。其中尤以语音形式的差异最突出。在我们今天看来，普通话在北方地区基础最广，内部的一致性相当大，理应地位最高，而不同时代、不同的南方人却有自己的正音标准。

明代中期江苏太仓人陆容（1436—1494）对"北音"就颇为不满。

---

① 《儒林外史》第13回.135、136页，人民文学出版社，1961.

② 《归潜志》. 卷十，118页，中华书局，1983.

吴语黄王不辨，北人每笑之，殊不知北人音韵不正者尤多。如京师人以步为布，以谢为卸，以郑为正，以道为到，皆谬也。[①]

陆容说的这四对例子都是浊音清化的问题。明初编的《洪武正韵》，清浊还是分开的。所以他说："非聪明特达常用心于韵书者，不能自拔于流俗也。"（42页）依此看法，"京师人"与"韵书"不合的音，都是"流俗"之音，乃"音韵不正者"。

钱大昕（1728—1804）乃清代江苏嘉定人，他批评周德清的《中原音韵》为"无知妄作。"[②] 这种批评也涉及标准问题，同时也说明清代南方学者对北音乃至北音韵书看不上眼，"因而不予好评"。

从康熙年间，"文人们认为北京话有较多的粗鲁成分"，到民国初年还有文人认为"京片子"的语言是"老妈子的话"（参阅拙著《中国现代语言学史》第二节）。北京话的地位一直得不到文人们（主要是南方文人，明清时代的传教士也是由南至北，他们一入国门就深受南方文化的渐染）的认同，说到底还是文学语言问题。什么时候白话文不登台，什么时候北京话就无地位可言。（这里说的"地位"当然是指作为全国标准语的地位。）

北京话的地位是什么时候升起来的呢，是什么时候上升为全国标准语的呢，回答这个问题要从两方面来看。一要从总体方面来看，一要从具体转机来看。从总体方面来看，李荣先生已有很

① 《菽园杂记》. 卷四，41页，中华书局，1997.

② 《十驾斋养新录》. 卷八，101页，商务印书馆，1957.

好的意见。他说：

> 总而言之，普通话拿北京话做底子，以北京语音为标准音，是七百年来历史的选择，不是一朝一夕之功；是事实公认的，不是谁谁谁的爱好。①

这个“总而言之”很重要，如果不承认这个总体看法，就会把普通话的性质、标准、地位混而为一。甚至认为官话既非南音也非北音，明清官话不是一时一地之音，北京音来自南京音与元大都音无关。李荣说的“七百年来……”，无疑是从 14 世纪元大都音算起。一种全国公认的标准语，没有几百年甚至上千年的发展历史，怎么可能获得“公认”的资格呢！李荣所说的“选择”，这个词也用得极为贴切。既是“选择”，当然就意味着“官话”不止一种，也意味着官话与官话之间地位有升降，有竞争。明清时期北京官话在特定范围内竞争不过南京官话，不等于北京官话不存在，不等于它没有自己的历史，自己的基础方言、特定的性质。所谓“选择”，当然可以是投票或举手赞成不赞成，但更重要的是一种历史过程，是历史的“选择”。

那么，在近现代汉语发展史上，北京话被“选”中为全国标准语的具体历史契机是什么？我的回答是：是中国现代化进程中的语文转向。如果说，李荣说的那个“总而言之”是远因，那么

① 《普通话与方言》.《中国语文》，1990 年第 5 期 .

我说的这个“语文转向”就是近因。

我们要感谢英国的威妥玛先生给我们留下了一部《语言自迩集》，也感谢张卫东教授将此书译为中文公开出版。威妥玛是南京官话让位于北京官话的历史见证人。在《语言自迩集》中，威妥玛为北京话地位的上升提供了一个明确的年代起点。

> 埃德金斯先生，他把官话划分为三个主要系统：南方官话（the southern）、北方官话（the northern）和西部官话（the western），他以南京、北京和成都——四川省省会，分别代表各个官话系统的标准。他认为南京官话（Nanking mandarin）在更大的范围被理解，尽管后者更为时髦；可是他又承认“那些想说帝国宫廷语言的人一定要学习北京话，而净化了它的土音的北京话，就是公认的‘帝国官话’（kuan hua of the Empire）”。
>
> 这里引证这种观点，只是要进一步证实我自己很久以前的一个结论，即北京话（pekingese）是官方译员应该学习的语言。自从带有许多学生的外国公使馆在北京建立，不首先学这种语言几乎是不可能的了。因为它比任何其他语言都更重要。在总理各国事务衙门服务的初学者，用不了多久就会发现，他正在学习的语言恰是帝国政府主要官员所说的话。同时，他的老师、仆人，他所接触十之八九的人，都很自然地讲这种话。最后，不论是不是事实，据说北京话的特征正逐渐渗透入官话通行区域的所有各地方言。
>
> 选择并确定一种话（a dialect），这大约是20年前

> 的事，其次是建立表音法。那时没有人把北京话作为写作对象，而各种表音法都声称描写的是南方官话（the southern mandarin）——诸如马礼逊博士（Dr. Morrison），即第一部汉英辞典的编纂者……①

这篇序言写于1867年5月16日，此时威妥玛来华已有26年了。他教过汉语，当过翻译，并以汉语作为学术研究对象，他的话应该有很高的科学性、权威性。上面这段引文提供了一些重要信息：

1. 埃德金斯谈到“帝国宫廷语言”用的是北京官话，这跟康熙年间“北京宫廷里的人……逐渐习惯了北京话”可以相互照应。说明文人们尤其是南方的文人们虽然对北京话“不予好评”，但北京话在宫廷里一直处于正统地位。所以，北京话尽管在文化界、学术界地位不高，却绝不能说它在官府是没有地位的，更不能说它非正音。

2. 正是有了第一条，意味着北京话是当时最高统治集团的用语，取得了宫廷语言的地位，才会产生这第二条：“是公认的‘帝国官话’。”“是帝国政府主要官员所说的话。”

3. 正因为有了第一条、第二条，汉语作为外交用语，作为国际用语，南京官话不得不让位于北京官话。我把北京官话作为国际用语看做是北京官话地位大大提高的一个重要标志。北京官话能走上国际，南京官话没有走上国际，看起来是外国人的选择，

---

① 威妥玛．张卫东，译．《语言自迩集·第一版序言》．14页，北京大学出版社，2002.

实际上是北京话的宫廷地位、帝国地位，逼得外国人不能不做出这种选择。这种选择的时间肯定是在鸦片战争之后。为什么鸦片战争之前的传教士一般学会南京官话就够了呢？因为那个时候的传教士其活动地点主要在南方；其活动内容主要在传教，或者为公司担任译员，或者编写英汉字典、翻译《圣经》等，他们没有机会与“帝国政府主要官员”接触，甚至根本进不了北京，更谈不上有什么外交谈判、签订条约之类的活动，他们并不感到北京官话有多么重要，故他们跟南方文人们一样看不起北京官话。美国传教士、外交官卫三畏（1812—1884）在华长达40年之久，第二次鸦片战争签订《天津条约》时，他任美国使团秘书，可他对北京话不熟。丁韪良学过北京话。谈判时，“我开始为卫三畏博士翻译，尽管他也是一位中国通，但当时他对中国北京方言还不够熟悉”。[①] 可证中方的谈判用语是北京官话。

4. 选择北京官话作为研究对象而且成绩最突出、贡献最大的当然是威妥玛。1867年的序言说：“选择并确定一种话（a dialect），这大约是20年前的事……”这个句子似乎不完整，有点前言不搭后语，我的理解是：威氏本人选择北京官话作为自己的研究对象，那“是20年前的事”。当时除他之外，还“没有人把北京话作为写作对象”。从1867年往前推20年，是1847年。同一篇序言中又说，“直到1855年，那时我反复研究表音法大约已有八年”，1855减8，也是1847。可证威妥玛个人研究北京话，始于1847年（道光二十七年），这个年代可证：北京官话地位的提升，北京官话正式作为国际用语，也就是北京话

① 丁韪良．沈弘，等，译．《花甲忆记》．106页，广西师范大学出版社，2004.

正式走上世界，是在鸦片战争之后的道光年间，但绝不是说北京话只有到此时才获得官话正音的地位。不能把国际地位和北京话固有的正音地位等同起来。这是本文与众不同的一个重要论断。

汉语作为国际用语，由南京官话转为北京官话，不只是在西方来华外交人员中有如此选择，在日本外交界也产生了同样的选择，不过转向的时间要晚得多。日本六角恒广著，王顺红编译的《日本近代汉语名师传》记载了这一转向的具体时间。

21 页：1871 年 2 月 8 日，汉语学所开学，教师、教材、教法都是沿用唐通事时期的，教的是南京话。

23 页：1876 年 2 月，外务省通过文部省，要求从汉语科物色 3 名优秀学生，派到日本驻北京公使馆学习北京话。

24 页：此时，作为东京外国语学校校长的渡部温，已开始考虑将该校的南京官话教育转为北京官话教育，并打算把《通俗伊索寓言》作为北京官话教科书。此时的颖川重宽也在考虑向北京官话转变的问题，因为他曾三次随使团去中国……那时中方官员使用的全是北京官话，说明北京官话已成为中国官方语言，日本唐通事的唐话——南京官话已落后于时代。

24 页：有个丸善家七书店，那里有西洋人编的北京官话教本。经过查寻，果然找来了一本英国人托玛斯·威妥玛（盈按：英文原名作 Thomas Francis Wade，故又译为伟德）编的《语言自迩集》。……教科书解决以后，颖川重宽等虽知道北京官话与南京官话语音不同，但不知怎么读，只好等新学年中国教师来了以后再说。

25 页：由于南京话与北京官话差别不大，高级班的学生进步很快，仅一年就学完了《语言自迩集》的“散语”和“问答”部分。①

日本学者安藤彦太郎在《中国语与近代日本》一书中也指出了同样的事实：

8页：汉语学所的教师都是江户时代长崎的唐通事出身。他们的发音是南方音，这对于准备和北方的清政府建立邦交不便。为了把南方话改变成北方话，曾付出了种种的辛劳。

27页：随着与清国建立了邦交，人们认为有必要把过去的唐话改为北京的官界作为共同语使用的话——即北京官话。

28页：1876年旧外国语学校招聘了旗人薛乃良，以颖川重宽为首，教员和学生都以他为师，开始学习北京官话。

另外，这一年还把汉语学所以来的学生中田敬义等3人作为外务省的留学生，派往北京学习北京官话。这是真正直接学习北京官话的开始。②

这里，我要特意提出一个问题，在1876年（清光绪二年）以前，日本学习汉语“发音是南方音”，可否反证此前的中国北京音原本不是官话正音，正音只有南京音呢？如果北京音从来就是正音，为何日本人要学“南方音”呢？

我们还得请安藤彦太郎来回答这个问题：

在实施锁国令的德川时代（盈按：又称江户时代，1603—1867）仅有长崎对中国和荷兰开放。那里有一种

① 《日本近代汉语名师传》. 北京大学出版社，2002.

② 卞立强，译.《中国语与近代日本》. 北京大学出版社，1991.

父子相传的职业，称作唐通事，荷兰通词，从事于通商的翻译工作。由于通商的对象地区是以长江下游一带至福建为中心，所以他们的中国语发音（即唐音）不是清朝政府的所在地北京的发音，而是南方音。[①]

这条材料至关重要。以通商为目的以长江下游一带为目的地的“唐通事”用语，长达两百多年之久，却从未与清帝国的北京政府打过交道，其接触范围和接触目的决定了他们对中国两种官话的取舍。同时也说明帝国的南方地区并没有推广北京官话，但却不能说明北京官话非正音。当时全中国还没有确立唯一的标准绝对的正音。笔者的这些论断，自信不可动摇。

5. 请注意，尽管北京话比南京话“更为时髦”，已“逐渐渗透入官话通行区域的所有各地方言”。可南京话仍然“在更大的范围被理解”。这个“更大的范围”当然不是指北方广大地区，北方广大地区通行的是北方官话，其“范围”要比南京官话“更大”。埃德金斯说的“范围”只能理解为学术界、文化界、读书人，尤其是南方地区的读书人。

还有，上文引用了颖川重宽的观点。认为“那时中方官员使用的全是北京官话”。对此也应具体分析。他说的“中方官员”主要是指旗人、“满大人”、译员等。可以说北京官话能有今天这样崇高的历史地位，“满大人”、旗人功不可没。丁韪良在《花甲忆记》223 页说：

清朝官员与民众是如此不同，以至于专门用以称呼

---

① 卞立强，译.《中国语与近代日本》. 27 页，北京大学出版社，1991.

他们的 mandarin 一词（该词在葡萄牙语中意为“权”，即“统治者”）不无恰当。

我在前文已经引了有关“曼达林”的材料。具体而言，mandarin 当然包括最高统治者皇帝在内。也就是说，清朝的皇帝，从顺治、康熙到光绪，都能操北京话，都是“京片子”。安藤彦太郎说：

“在中国，最擅长说北京官话的是旗人。在清朝的300年期间，满族逐渐忘掉了满语，说起了洗练的汉语，所谓旗人，逐渐变成了上流阶级的代名词。旗人的话逐渐被视为北京官话的楷范。”①

这里要稍作补充，“旗人的话”，也就是东北官话，也就是原本就有悠久历史的北京话。至于“中方官员”中的汉官呢？他们有几人够“京片子”水平？与咸丰、同治或与光绪同时的曾国藩、左宗棠、李鸿章之类的 mandarin 也能操京腔京韵吗？

不要说19世纪清廷的非北方出身的 mandarin 了，民国时期乃至中华人民共和国成立初期的 mandarin 又如何？从孙中山、蒋介石到毛泽东、周恩来这些南方出身的 mandarin，操的都是南方某种官话。mandarin 这个词在他们身上发生了分裂。身为 mandarin，而嘴里说的不是清廷式的标准的 mandarin。

文化教育界的头面人物，只要是来自南方的，都不能拿京腔

① 卞立强，译.《中国语与近代日本》. 28页，北京大学出版社，1991.

京韵来要求。梁启超满口广东官话，蔡元培、王国维、鲁迅为浙江官话，陈独秀、胡适也非“京片子”。至于章太炎，有文章说他“国语太坏，简直不能操”。[1] 民国初年的北京大学，“其时拥皋比者，多东南海滨之人，言语秸鞠难憭”。[2] 这些都不是个人问题。南方文化、经济、风气都比北方进步得多，他们为什么要学那个“老妈子的话”呢？

可是，最后力主以北京话为全国共同标准语的还是南方人。不管南方北方，高明睿智的学者只能站在真理这一方。

1920 年发生的“京国之争”，策源地就在南方。请求教育部定北京音为标准音的就是南方人。后来参与修改“老国音”为“新国音”的主要成员也都是南方人。他们认识到“京音之魔力”[3]，认识到北京音是漂亮的语音。

这种认识上的转变，既与汉语要走向国际有关，也与中国现代化的进程有关。所以，尽管从清末到民国时期，不断有人提出要以某种南方话如湖北话、四川话作为各省之正音，但历史最终选择了北京音。尤其是发生于“五四”时期的白话文运动，对北京音地位的提高具有重要意义。而在全国范围内真正大力推广北京音已经是 20 世纪 50 年代的事了。

回过来我们再提出一个事实上已经解决了的问题：北京话为何成了“帝国宫廷语言”呢，这种“宫廷语言”跟元大都音有关吗？林焘先生《北京官话溯源》对此已有确解：

---

① 周黎庵.《记章太炎及其轶事》. 见陈平原等编《追忆章太炎》，568 页，中国广播电视出版社，1997.

② 司马朝军，等，撰.《黄侃年谱》. 96 页，湖北人民出版社，2005.

③ 林语堂.《语言学论丛》. 305 页，上海书店，1989.

> 所谓元大都话……到元建大都时已趋于成熟，成为现代北京话的源头。
>
> 当时东北通行的汉语正是在以燕京话为中心的幽燕方言的基础上发展起来的。
>
> 到了清代，两种方言（盈按：指原北京话和八旗人说的东北汉语方言）在北京汇合……逐渐融为一体，成为现代的北京话。[①]

有人忽视了东北汉语官话是清宫廷和八旗军的基础方言这一重要事实，又忽视了华北官话和东北官话“本属同根生”这一重要事实，以为清廷用语与汉人决然不同，所以就对现代普通话的来源问题产生了各种各样的猜测和假设。岂知“胡儿”学得汉儿语，又向汉儿传正音，事实原本就是如此。

叁、汉语普通话发展史鸟瞰

这里说的“普通话”是广泛意义上的普通话。汉语从古至今就有许多方言，在诸方言之中总有一种基础方言属于全中国的通用语，大体上就相当于今人所谓的普通话。杨伯峻先生《论语译注》用“普通话”来对译“雅言”。[②] 也是从广义上来使用这个词的。

汉语普通话源远流长，关于它的发展历史至今无人做系统的专题研究。近人、今人关注最多的只是现代汉语普通话的来

① 《林焘语言学论文集》. 175、181、186 页，商务印书馆，2001.

② 《论语译注》. 76 页，中华书局，1962.

源问题，对古代普通话的研究则关注不够，至于贯通古今的研究就更为薄弱了。由于种种条件的限制，我们还不能写出一部完整的汉语普通话语音发展史，但我可以把自己对这个问题的总体看法，概括为一句话，就是一源三京。所谓“一源”，是指各个时期的普通话都有一个共同的历史来源。这个源就是古代形成于河洛地区的雅言，这是我们现在所能追溯的最早的普通话。“三京”指洛京、南京、北京。南京、北京普通话是由两个南北朝时代造成的。第一个南北朝时期由洛京向南派生出南京普通话，第二个南北朝时期（辽与北宋、金与南宋）由洛京向北派出生北京普通话。请看下图：

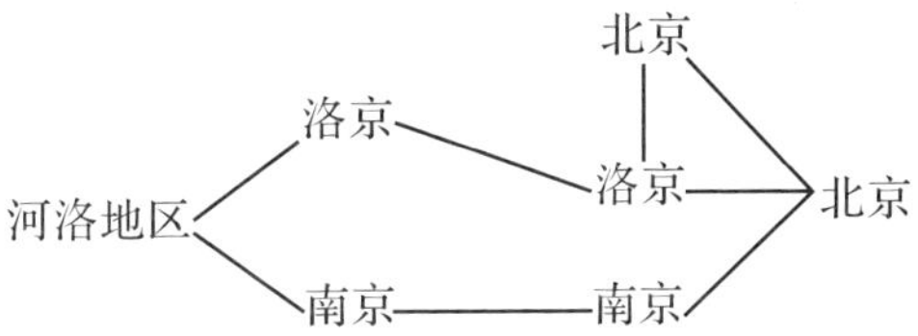

从上图还可以看出一个特点，从先秦至今，汉语普通话的发展呈现先分后合，始于一归于一的特点。在这里，“官话”并不等于“普通话”。现代汉语有八大官话方言，而取得“普通话”地位的只有北京官话。所谓“归于一”就是指北京话语音的标准音地位而言的。下面我们讨论三个问题：“雅言”的基础方言是河洛话；两个南北朝与“普通话”的传播；入声是区分中古与近代普通话语音的重要标准。

一、先说“雅言”的基础方言是河洛话

河洛语言文化地位的重要性究竟始于何时，河图、洛书（《周易·系辞上》）的神话故事姑且不论，至少也应该从周成

王七年周公经营洛邑时说起。那个时候的人们已坚信洛阳居天下之中，“以为天下之大凑”[①] 的地理观念。

营造洛邑的决策，武王克商之后就已经提出。1963 年陕西宝鸡出土的何尊铭文云：

唯武王既克大邑商，则廷告于天，曰：余其宅兹中国，自之乂民。

这段出土铭文可印证文献记载。《逸周书·作雒解》：“及将致政，乃作大邑成周于土中。”《尚书·召诰》：“王来绍上帝，自服于土中。”“中国”就是“土中”。蔡沈《书集传》：“洛邑，天地之中，故谓之土中。”《孝经援神契》：“八方之广，周洛为中，于是遂筑新邑，营定九鼎，以为王之东都。”[②] 班固《东都赋》：“即土之中，有周成隆平之制焉。”（《文选》吕向注：“土中，洛阳也。”）据《逸周书·度邑解》及《史记·周本纪》载，武王克商之后，整天忧愁，夜不能寐。周公也着急了，他问武王：“为什么事愁到不能入睡？”武王回答说：

“我未定天保，何暇寐！定天保，依天室，悉求夫恶，贬从殷王受。日夜劳来定我西土，我维显服，及德方明。自洛汭延于伊汭，居易毋固，其有夏之居。我南望三涂，北望岳鄙，顾詹有河，粤詹雒、伊，毋远天

① 《水经注·洛水》. 第 3 册，卷十五，51 页，商务印书馆，1958.
② 《孝经纬》. 第三卷，22 页，上海古籍出版社，1993.

室。”营周居于雒邑而后去。[1]

《水经注·颍水》：颍水自堨（è，堰）东径阳翟县故城北，夏禹始封于此，为夏国。故武王至周曰：“‘吾其有夏之居乎！’遂营洛邑。”[2]

在周武王的观念中，河洛地区，在地为土之中，在天靠近天之宫室，在人可以永保天祚镇压殷之顽民，在史乃“有夏之居”。洛邑的地位如此重要，武王于决策之前怎能不忧思难寐呢！

有一点未在武王考虑之中，而其影响却达数千年之久，这就是语言问题。周王朝的“普通话”是“雅言”。“雅”通“夏”，故“雅言”就是“夏言”。“雅音”也就是“正音”。《论语·述而》：“子所雅言……”郑玄注：“读先王典法，必正言其音。”刘熙《释名·释典艺》对“尔雅”的解释是：“五方之音不同，皆以近正为主也。”哪个地方的音最正呢？刘宝楠《论语正义》引刘台拱《论语骈枝》：“王都之音最正，故以雅名。”但这个“王都”在哪里？刘宝楠的回答是：

周室西都，当以西都音为正。平王东迁，下同列国，不能以其音正乎天下。[3]

刘宝楠已注意到“雅言”的基础方言在哪里，比汉儒、宋儒都进了一大步，这是值得肯定的。但他“以西都音为正”，以西

① 《史记·周本纪》. 129 页，中华书局，1962.
② 《水经注》. 第四册，卷 22，28 页，商务印书馆，1958.
③ 《论语正义·述而》. 145 页，河北人民出版社，1986.

都（指镐京）音为“夏言”的基础方言，这就错了。“夏”就是“有夏之居”的“夏”，这里特指河洛地区。“夏言”就是河洛方言。夏言的范围并不只是河洛方言区。它的基础应该包括与戎狄相对的整个夏族地区。西周时代的夏言地区有多大呢？

> 盖在周代今嵩、洛以东为“东夏”，今陕西、甘肃一带，可称“西夏”，黄河以北自今山西安邑一带至塞外即所谓“正北大夏”之“大夏”，亦即“北夏”。至嵩洛一区则“中夏”也。[1]

周人发迹于“西夏”，当时的“西夏”方言与“中夏”方言都应该是强势方言，但我们为什么说刘宝楠“以西都为正”是错误的而认为“中夏”方言即洛阳音更占优势呢？

原因有二，一是周初的镐京虽然是政治中心，却不是文化中心。武王时代的西都文化显然不如“有夏之居”的东都文化。这一点，武王、周公是知道得一清二楚的。如果连当时的文化形势、文化力量的对比都不清楚，他们还能成为扭转乾坤的大政治家、大革命家吗？何以证明？“定天保、依天室”的提出就是铁证。这“定”与“依”二者是什么关系呢，为什么“定天保”的根本条件是要“依天室”呢？茫茫宇宙果真有什么天帝之宫吗？这当然是统治者用来唬人的。“定天保”的意思就是巩固政权、稳坐江山。他们把政权的夺取说成上天的眷顾、保佑，同样是唬人的。所以他们懂得要稳坐江山，坚守上天的赐福，就要继

---

① 《童书业历史地理论集》. 14页，中华书局，2004.

承和发扬传统文化，控制文化中心地区，贬抑不利于新王朝的旧势力、恶势力，安定人心。他们不可能有这样的话语，而他们说的“依天室”却是这样的意思。“有河”“有夏”“洛汭”“伊汭”，才是真正的“天室”。牢牢地掌控“天室”，才能“定天保”，这就是二者的关系，也是武王夜不能寐要营建洛邑的真实原因。他们选择了洛邑，不只是选择了洛邑的土地河山，更重要的是选择了这里的文化，这里的语言。

东都“夏言”上升为全国占主流地位的基础方言，原因之二为平王东迁，西都衰落。此后，西土文明与东土文明进一步融合，河洛文化、河洛语言成为中华民族占统治地位的主流文化、核心方言。“昔伊、洛竭而夏亡，河竭而商亡。”[①] 说明河洛地区历经夏商二代，已有千余年的文明史。殷文化并未随着朝代的消亡而消亡。召公、周公命殷人修建洛邑（《召诰》：“太保乃以庶殷，攻位于洛汭。”“厥既命殷庶，庶殷丕作”）。又把“殷多士”迁至新的洛邑（《多士》：“予维时其迁居西尔”。“尔乃尚有尔土”，“尔厥有幹有年于兹洛，尔小子，乃兴从尔迁”）。周公也大胆起用殷遗民为新政权工作（《洛诰》：“其大惇典殷献民，乱为四方新辟”）。他们还继承殷的礼仪制度（《洛诰》：“王肇称殷礼，祀于新邑。”）、孔子说的“殷因于夏礼……周因于殷礼”（《论语·八佾》）、“周监于二代，郁郁乎文哉！”（《论语·为政》），都与《尚书》记载的历史事实相符合。周革殷命，促进了河洛文化的发展，也促进了河洛方言地位的上升。据此，我们也可明白另外一个事实。《尔雅》一书为什么要以“雅”命名，

① 《史记·周本纪》. 145 页，中华书局，1962.

为什么此书并非周公所作而又要挂在周公名下。因为周公营建洛邑，在后人看来，周公便是河洛地区、“有夏之居”的语言文化代表。另外，《周礼·春官·外史》说的“掌达书名于四方”，《秋官·大行人》说的“谕言语……谕书名，听声音”，都应该有一个语言标准，这个标准就是东土的“夏言”。“夏言”通过周王朝的行政力量传播“四方”，其地位当然就不是别的方言所能比拟的了。

到此，我们可以得出一个结论：河洛方言之所以能成为今天各官话区的总根子，其源头应追溯到夏商周三代。三代都以河洛地区为政治、经济、文化中心，三代不仅有共同的语言，而且逐渐形成了共同的“雅言”。这种雅言陆志韦《古音说略》称之为“成周国语”（67、73 页）。统一的王朝，统一的文字，统一的语言，统一的礼仪制度，统一的经典读物，以及“大邑”（中心城市）的产生，是“雅言”得以形成的重要条件。从夏到周，这些条件逐渐产生，逐渐成熟。到孔子时代（前 551—前 479）“雅言”已相当成熟，相当权威了。孔子用“雅言”教学生，首先他自己得学好“雅言”。这种“雅言”是怎么推广的呢？王官、学官、礼官、乐官、外交家、商人等，都是自觉或不自觉的推广者，传播者，“雅言”是适应社会需要而产生的，所以地位相当稳固。尽管“平王东迁，下同列国”，周王室政治地位下降了，而已具有悠久历史的王都雅言其地位并没有下降。虽然“列国之音，即各为正音”（戴震《声韵考》卷三），但列国方言中没有任何一国的方言有资格取代雅言而能驾乎其他方言之上。语言地位跟政权地位有关，可政权地位毕竟不等于语言地位。一个政权垮了、衰败了，这个政权所使用的官方语言并不一定随之衰败。支撑官话生命的是文化，是文学用语，是基础方言。

二、第二个问题：两个南北朝与“普通话”的传播

第一个南北朝以晋室南渡东晋元帝司马睿于建武元年（317）即位建康（今南京）为起点，以陈后主叔宝祯明三年（589）为终点，共计273年。我们这样界定南北朝，与传统的定义不一样。《辞源》对“南北朝”的释义：

> 东晋以后，中国分裂的两部分，据有南方的，为宋齐梁陈四朝，为南朝。据有北方的，为后魏；后又分为东西二魏，东魏为北齐所代，西魏为北周所代，北周又灭北齐，为北朝。[①]

《辞源》以刘裕废晋帝自称皇帝的宋永初元年（420）为南朝之始，以鲜卑族拓跋珪北魏道武帝登国元年（386）为北朝之始。唐代李延寿的《南史》《北史》就是这样断代的。这样的断代表现了当时人的政治地理观念：晋室虽已偏安江左，成了不折不扣的南朝，他们还是尊奉晋王朝为全中国的唯一王朝，至于北方的16国（304—439，共计136年），那只不过是“五胡乱华”而已，算不得正式王朝。传统的“南北朝”界定早已成为公认的定论，我们现在对“南北朝”的界定把东晋也包括在南朝之内，并不是要否定传统的划分，只不过觉得这样讲更能反映“普通话”由北向南传播的实际情况。陈寅恪的《魏晋南北朝史讲演录》第九篇

① 《辞源》. 第1册，426页，商务印书馆，1979.

“东晋与江南士族之结合”说，“南朝的历史可分为三个阶段”，第一阶段就是东晋。[①]

由西晋到东晋，从社会的角度而言，是一次大分裂，大动荡，大混乱，大灾难；从汉语的发展而言，则是汉语与北方少数民族语言、中州方言与南方吴楚两种方言的大接触、大融合，也是北方汉语尤其是洛阳音的一次大扩散、大传播。

《晋书·王导传》说：“洛京倾覆，中州士女避乱江左者十六七。”（卷65，1746页）大部分“中州士女”来到江左，洛阳音、中州音与吴方言、楚方言相对而言，立即成为南方的强势方言。南方士人“有转易其声音以效北语”的。[②] 这种学习“北语”的行为，在东晋初年虽遭人反对，如葛洪就谩骂学“北语”者，“良似可耻可笑”，但“北语”挟官场之势，恃文化之强，必然要凌驾于吴语之上，吴语必然进入不了官场。“吴语者当时统治阶级之北人及江左吴人士族所同羞用之方言。”[③] 南人学“北语”，大概跟20世纪二三十年代南人学北京话一样。王力说：“现在（盈按：此文作于1938年）所谓国语，大致是以北平语为标准，尤其是语音方面，可以说大家极力模仿‘北平腔’。然而模仿自然模仿，除非是在北平生长的人，否则他们所说的都是蓝青官话，不过蓝青的程度有高低罢了。”[④] 葛洪就生活在东晋初年南人“效北语”的年代，可“北语”并不是一学就会的，其结果就如葛洪所言：“所谓不得邯郸之步而有匍匐之嗤者。”[⑤] 这就是“南

---

① 陈寅恪.《魏晋南北朝史讲演录》.146页，万绳楠整理，黄山书社，2000.
② 葛洪.《抱朴子·外篇·卷二十六·讥惑》.609页，商务印书馆万有文库本.
③ 陈寅恪.《金明馆丛稿初编》.62页，三联书店，2001.
④ 《王力文集》.第七卷，320页，山东教育出版社，1991.
⑤ 葛洪.《抱朴子·外篇·讥惑》.商务印书馆万有文库本.

腔北调"，也就是"蓝青官话"[1]。这种蓝青官话的持久发展，经过几代人的传习，就成了南朝正音。

南齐骁骑将军胡谐之家人"语音不正"的故事是人们经常引用的。北齐阳松玠《谈薮》（此书作于隋开皇年间）"胡谐之"条和《南史》胡谐之传都有记载。故事发生在齐太祖高皇帝萧道成建元二年（480）。

> 建元二年，上方欲奖以贵族盛姻，以谐之家人语傒音不正，乃遣宫内四五人往谐之家教子女语。二年后，帝问曰："卿家人语音已正未？"谐之答曰："宫人少、臣家人多，非唯不能得正音，遂使宫人顿成傒语。"帝大笑，遍向朝臣说之。[2]

文中"正音"这个概念特别值得重视。从东晋元帝317年即位建康，到萧道成的建元二年（480），南朝已有160余年的历史。建武年间以及稍后的南渡中州士女早已谢世，萧道成这一辈人都出生于南方，这个时候具有建康特色的"正音"也早已形成。那么，"正音"的标准是什么？胡谐之为"江西老表"（豫章南昌人也），为何"家人语傒音不正"呢？（何谓"傒音"，请参阅周一良《南朝境内之各种人及政府对待之政策》，周先生在文中也引用了《南史·胡谐之传》这条材料，将"上"字括注为

---

① 曹聚仁.《中国学术史随笔》.184页："这种吴化洛阳语相当于蓝青官话，因为是官话，所以只行于士族间。"

② 唐·李延寿.《南史》.卷四十七，1176页，中华书局，1975年。《谈薮》所论，文字略有出入，见该书40页，程毅中整理，中华书局，1996.

“齐武帝”，乃涉上文而误。此文收入周一良《魏晋南北朝史论集》，52页，北京大学出版社，2000年）

在回答这两个问题时，我们要看看前人和今人有何高见。关于南北朝普通话的性质，研究成果不算多。可提出来谈的，有颜之推、陈寅恪、鲁国尧。

颜之推的九世祖颜含“从晋元东渡”（《北齐书·文苑传》617页），定居南京。“今江宁颜家巷，其旧居也。”故卢文弨的《颜氏家训·例言》说颜之推“当为江宁人”。（卢文弨补注《颜氏家训》，商务印书馆，国学基本丛书）但颜之推本人却出生于江陵，时为梁武帝萧衍中大通三年（531），上距九世祖“东渡”已有210多年。颜之推19岁从政，侯景之乱，成为俘虏，囚送建康。[①] 乱平，反回江陵。24岁，西魏（《北史》《北齐书》均为北周）破江陵，又一次成为俘虏。由于大将军李穆的推荐，至弘农李远处掌书记。公元556年，之推26岁，投奔北齐，想由此回归江南，不料次年陈霸先灭梁，遂滞留北齐首都邺。公元558年，随北齐文宣帝高洋赴晋阳（今山西太原市西），至祁连池（今山西忻州静乐县境）。公元565年，35岁，任赵州功曹参军。第二年离赵州赴首都邺城。公元572年，42岁，主持文林馆，“并主编《御览》，寻迁通直散骑常侍，领中书舍人，再迁黄门侍郎”。[②] 公元577年，47岁，北齐被北周灭亡，颜之推赴长安，入仕北周。北齐王朝总共28年（550—577）而颜之推入仕这个王朝就达22年（556—577）之久，从26岁到47岁，在邺都他度过了自

① “始得流连家巷，展敬先茔也”。见缪钺《读史存稿·颜之推年谱》，212页，三联书店，1963.

② 同上书，217页.

己最强壮的年华。后人称他为“北齐黄门侍郎”，这是很有道理的。开皇初年，在长安陆家论韵，八位来宾有六位来自北齐。他们都是当时的音韵权威，“我辈数人，定则定矣”。尤其是“多所决定”的颜之推更是这个“邺下帮”“北齐帮”[①] 的领袖人物。

我们用了近700字的篇幅来介绍颜之推的履历，[②] 目的是要展示颜之推的语言阅历，他是一个兼通南北语言，对南北语言有丰富历史知识和感性知识的语言学家。他的母方言为江陵话、南京话，又在北方名都邺城（今河北临漳县境）住了20多年，晚年在长安住了10多年，颜之推卒年无考，“大约在开皇十余年中，年六十余”。[③]

现在我们回到前文提出的两个问题，看在颜之推这里能找到什么样的答案。

先说第二个问题，胡谐之家人为何语音不正。此事可证颜之推说的：“冠冕君子，南方为优”，“南方士庶，数言可辩。”南方的“君子”“士”操的是一种语言，而“庶”、一般百姓，还保持原来的乡音土语。胡谐之的家庭内部就存在这样的语言分歧。胡谐之本人为朝廷高官，属于“冠冕君子”，故其语言“优”于“闾里小人”，而他的家人还生活在“傒语”的广阔大地之中，即使派专人教其“正音”，不仅“正”不过来，连“正”者也不“正”了。这就是孟子说的：“一齐人傅之，众楚人咻之，虽日挞而求其齐也，不可得矣。”（《滕文公下》）

---

① 参阅《中国古代语言学家评传》陆萌一撰写的“陆法言”传，128页，山东教育出版社，1992.

② 参阅缪钺《颜之推年谱》及周建江《北朝文学史》，中国社会科学出版社，1997.

③ 缪钺.《读史存稿》. 226页，三联书店，1963.

南方社会，从古到今，相对而言比较稳定。即使同一个家庭，“士”“庶”之间，语言还是明显有别。受过教育的知识分子或者是商人、军人、民伕，一般都能操普通话，长期居于闾里的普通市民、农民，还是说自己的乡言土语，走出家门就难以沟通。北方的情形就大不相同了。“闾里小人，北方为愈”，“隔垣而听其语，北方朝野，终日难分”。对颜之推来说，这种南北语言比较，当是经验之谈。至今北方的语言情况，大体上还是这样。

现在说第一个问题，胡谐之肯定是掌握“正音”了，他的“正音”性质是什么呢?

颜之推对此的回答，已非常明确：金陵音。所谓“榷而论之，独金陵与洛下耳”。[①] 当时中国有五大名都，南有金陵（吴语区）、江陵（楚语区），北有洛阳、长安、邺城。就颜之推个人的语言习得和语言经验而言，他应该以江陵、邺城、长安话为标准，因为他在这些地方生活的时间最长，且著《家训》时，年已六十余，在首都长安已生活了十多年。而他却选择了金陵与洛下作为标准，我想有两个原因：一是历史的原因。洛阳话具有悠久的历史，影响及于四方，长安、邺下都属于中原官话，邺下方言“其实就等于洛阳”话[②]。可以毫不夸张地说：当时的北中国，洛阳话基本上一统“天下”，这绝不是说北方方言内部已没有了各色各样的分歧。南中国、吴语、楚语的势力在下层社会当然是母方言，而上流社会、官场、知识群体，南京话无疑地位高于江陵

① 《颜氏家训集解·音辞》. 中华书局，1993.

② 丁邦新.《重建汉语中古音系的一些想法》.《中国语文》1995 年第 6 期。陈寅恪《从史实论切韵》.“高齐之都城虽在邺，而衣冠人物悉承洛阳，其语言宜同于洛下也。”

话，江陵地区的统治集团亦来自南京，他们的用语应该“等于”南京话。颜之推虽生长于江陵，他的家庭用语肯定是南京腔。因为他们祖祖辈辈是官宦人家，是世家子弟，与胡谐之那样的“老土”显然不同。从语言可以看出文化，从文化可以看出门第。而在北朝就不一样了。“北方朝野，终日难分。”语言的混一程度，也就是“普通话”的“普及”程度，“朝野”“难分”，“士庶”无别了。

原因之二是文学语言问题。北方通行的文学语音是洛阳音，南方通行的文学语音是金陵音。而这“两个方言集团”（丁邦新语）的文学语音应该是同中有别，在颜之推看来，二者不是“等于”的关系，各有特色。其特色就是：

冠冕君子，南方为优。

南染吴越，北杂夷虏。

“冠冕君子”包括南北两方的文人学者士大夫，两相比较，南“优”于北。这也是指的文学语言。来自北方的大批士族及其后人对中国传统文化的继承“优”于北方，南朝历代统治者均为汉族，其整体文化水平“优”于北方的“胡人”统治者，加之北方长期动乱南方长期稳定，对文学语言的研究、加工提高，也是南“优”于北[①]。颜之推青年时代就来到北方，大半生是在北方度过的。而他的文化根属于南方，他的语文观念属于南方。他是南方的“冠冕君子”。他的家庭文学语言教育，标准极为严格：

① 刘师培《南北学派不同论》：“魏晋以后，南方之地学术日昌，致北方学者反瞠乎其后。”

吾家儿女，虽在孩稚，便渐督正之；一言讹替，以为己罪矣。（《颜氏家训·音辞》）

他对北方的“冠冕君子”的语言问题则多所批评：

至邺以来，唯见崔子约、崔瞻（赡）叔侄，李祖仁、李蔚兄弟，颇事言词，少为切正。

李季节著《音韵决疑》，时有错失；阳休之造《切韵》，殊为疏野。

颜之推说的“切正”“错失”“疏野”，都关乎标准问题。很遗憾我们看不到李季节、阳休之等人的原著。很可能颜之推是据金陵正音来指摘北方“冠冕君子”的。

今之学士，语亦不正。

今北俗通行此音，亦古语之不可用者。

河北学士读《尚书》云好（原注：呼號反）生恶（原注：於谷〈盈按：“谷”为“各”字之误〉反）杀。是为一论物体，一就人情，殊不通矣。

甫者，男子之美称，古书多假借为“父”字，北人遂无一人呼为“甫”者，亦所未喻。

（“焉”字有两读），江南至今行此分别，昭然易晓，而河北混同一音，虽依古读，不可行于今也。

邪者未定之词……而北人即呼为“也”，亦为误矣。

河北切“攻”字为古琮，与“工、公、功”三字不同，殊为僻也。

（以上引文据卢文弨补注本）

《音辞》篇里也有批评南方“王侯外戚语多不正”的，但主要批评对象为“河北学士”，向来研究《音辞》篇的人未注意这一点。批评的标准是南方的文学语言，跟口语有所不同。他说：“江南学士读《左传》，口相传述，自为凡例。”他亲自“督正”儿女的读音，也不是日常口语问题，而是属于读书音的范围，这种读书音来自经师的“传述”，并非颜之推个人的“穿凿”。

颜之推对南北朝语音的比较研究，为我们提供了极为珍贵的资料，尤其是他明确指出金陵与洛下方言为正音标准，为我们研究普通话历史的发展提供了明确的地理坐标。迄今为止，我们还没有发现任何一种资料比《音辞》篇提供更为权威的史料与论断。

陈寅恪（1890—1969）先生对南北朝语音的研究成果，主要文章有两篇：一篇是《东晋南朝之吴语》，发表于1936年，现收入《金明馆丛稿二编》；另一篇《从史实论切韵》，发表于1949年，现收入《金明馆丛稿初编》。[①] 这两篇文章影响都相当大，重要论点有：

东晋南朝官吏接士人则用北语，庶人则用吴语，是

---

① 《金明馆丛稿初编》. 三联书店，2001.

士人皆北语阶级，而庶人皆吴语阶级。[①]

东晋南朝疆域之内，其士大夫无论属于北籍，抑属于吴籍，大体操西晋末年洛阳近傍之方言。[②]

夫颜黄门比较当日南北士庶之音辞，以南方冠冕君子所操用者为最优，而又谓其亦有深弊，岂非于心目中本悬有一绝对之标准，此标准亦即未染吴、越语音时殆即东晋过江时侨姓士族所操用之洛阳旧音耶?[③]

颜、萧者，皆永嘉南渡侨人之子孙也……则之推所操用者，必为东晋以前之洛阳旧音也。[④]

惟本文所谓洛阳旧音一辞，实有解释之必要。大抵吾国士人，其平日谈论所用之言语，与诵习经典讽咏诗什所操之音声，似不能完全符合。易言之，即谈论唯用当时之音，而讽诵则常存古昔之读是也，依此，南方士族，其谈论乃用旧日洛阳通行之语言，其讽诵则准旧日洛阳太学之音读。考东汉之时，太学最盛，且学术文化，亦有综合凝定之趋势。颇疑当时太学之音声，已为一美备之复合体，此复合体即以洛阳京畿之音为主，且综合诸家师授，兼采纳各地方音而成者也。……故本文“洛阳旧音”一词，不仅谓昔日洛阳通行之语音，亦兼指谢安以前洛生咏之音读。特综集各地方音以成此复合体之新音者，非陆法言及颜、萧诸贤，而是数百年前之

① 《金明馆丛稿二编》. 306 页，三联书店，2001.
② 同上书，309 页 .
③ 同上书，392 页 .
④ 同上书，406 页 .

太学博士耳。[1]

我从陈先生的两篇文章中共引了五段文字。第一、二段文字基本上是以史料证实颜之推的论述，不同之点是明确指出西晋末年“洛阳近傍之方言”传播于南朝士大夫之中。若只限于东晋初年，这个论断是可信的。

第三、四、五段，陈先生提出“洛阳旧音”这个概念，这完全是推断，从颜之推的记载中找不出根据。直到颜之推时代，即南朝末年，还保存“洛阳旧音”且以之为“绝对之标准”，我以为不可思议。金陵音就是金陵音，如果在金陵音和洛阳音之间画上等号，那颜之推何必要“榷而论之”？为什么说“江东取韵与河北复殊”呢？但陈先生对此问题的研究，能给我们以重要启发：

启发之一：东晋初年统治集团及这个集团培养的士大夫，所用口语为“北音”，为洛阳音。后来的金陵正音确是以洛阳话为底子发展起来的“蓝青官话”。既非吴语，也非洛阳旧音。

启发之二：陈先生提出了“洛阳太学之音读”的问题。这个事实说明“读书音”的存在，而且“读书音”的性质是“复合体”。“复合体”的读书音“即以洛阳京畿之音为主”。问题是“读书音”并不是一成不变的，即使是韵书中保存的读书音，也只是反映“类”的一致，无法证明实际音值也一致。

从20世纪90年代开始，鲁国尧发表了几篇研究南北朝语言

① 《金明馆丛稿初编》，408、409页，三联书店，2001.

的文章，明确提出了“南朝通语”“北朝通语”的观点。

第一篇文章原题为《客家方言源于南朝通语说》，收入邱政权主编的《中国客家民系研究》[①]，后收入《鲁国尧语言学论文集》（2003 年 10 月，江苏教育出版社），题目改为《客、赣、通泰方言源于南朝通语说》，删去了原文开头的小帽子，补了一个《提要》，全文结尾部补了一段说明文字。

第二篇《通泰方言研究史脞述》（《方言》2001 年 4 期，收入《论文集》193—215 页）。

第三篇《“颜之推谜题”及其半解》（原载《中国语文》2002. 6—2003. 2。收入《论文集》136—180 页）。

这三篇文章从不同角度、用不同的材料论证作者提出的新说：

> 历二百余年，至南北朝后期形成了以洛阳话为标准的北朝通语和以建康话为标准的南朝通语。[②]

“通语”即官话、普通话，南北朝后期形成了南北两种强势官话，这个结论对颜之推的“榷而论之”做了现代意义上的阐释，在时间上（后期）更为明确，可谓颠扑不破。鲁的研究不止于此，他的贡献更在于肯定“客、赣、通泰方言源于南朝通语”。这不完全是假说，作者也有细心求证。虽说不是定论，还不能获得广泛认可，但这并不重要。重要的是他的语言视野，他的历史

① 邱政权 .《中国客家民系研究》. 42—55 页，中国工人出版社，1992.

② 《鲁国尧语言学论文集》. 123 页，江苏教育出版社，2003.

考证方法，他的宏大叙事能力。我们希望能有更多的人从事这种性质的研究。

关于南朝通语与北朝通语之间的关系，鲁的结论与笔者在本文中所阐述的看法基本一致，稍微有别。我强调的洛阳方言当时是强势方言，影响及于南方；鲁文立足于“嫡系后裔”而往上认祖归宗。鲁说：“四世纪起的北人大规模南徙导致了黄河流域的汉语北方方言伸展至江淮地区即原吴语区。”① 鲁的“北方方言”“导致……”原则上是如此，而我强调洛阳方言“导致……”，更看重强势方言在接触中的主导地位，一般“北方方言”的力量似不足以让吴语“臣服”。

2002年6月我在《汉语语音通史框架研究》中谈道：“……此论又一次使我想起颜之推的两句名言：‘南染吴越，北杂夷虏。’这八个字所包含丰富内容，我们的语音史至今未作出具体的证明。”不意鲁兄已为此“殚精竭虑多年”。② 我们的关注点是如此相同，而我只提出了问题，他却用了十七个月的时间对“谜题”进行“半解”了。这个“谜题”究竟破了没有？鲁兄自己持谦虚谨慎的说法：

> 推论一千五百年前南朝通语受吴方言的影响，以此半解谜题，这只是假说，这是我在此要特别说明的。……这“谈”、“覃”和“寒”、“桓”的平行性现象是否就存在于一千多年前的江南江北的上百万人的口语

① 《鲁国尧语言学论文集》．207页，江苏教育出版社，2003.

② 同上书，177页．

中，“南染吴越”的情况是否真的如此，这是无法验证的……[1]

好的假设应该是有法验证的，因为这种假设本身就有一定的事实作为依据，只不过“事实”的掌握还很不全面，还缺乏系统性。“验证”不是要复原，只是求近似，只是求圆通，求合理。

这个“谜题”的关键是要解开那个“染”字。你要证明甲受了乙的“染”，先要弄清甲的面貌，这是第一步。按丁邦新的主张就是要拟测一个“南方的‘金陵切韵’音系”，[2] 不仅要从《切韵》中剥离出金陵音，还要充分利用南朝时代其他相关资料重建南京音。第二步，要将这个音系与同时代的洛阳音系（丁称之为“邺下切韵”音系）进行比较，其中南异于北的音类就有可能来自吴音；第三步再从吴音中发掘材料，看能否与之印证。这就要求对吴音的历史乃至金陵音的历史进行系统研究。所谓系统，应从明清上推至元、宋、南唐、唐代、隋、南朝。这三步一步都不能少，缺了一步，“谜”就无法解开。冷静一点看，这三步都还不到位，没有一步是无懈可击。

一种官话历史的研究，没有几十年的时间甚至是几代人的努力，恐怕难于奏效。哥德巴赫1742年提出的“猜想”，一直猜了二百多年。陈景润几乎是用了毕生的精力，才达到“光辉的顶点”。[3]

关于第一个南北朝时代的“普通话”，我们现在能得出两条

---

① 《鲁国尧语言学论文集》. 191页，江苏教育出版社，2003.

② 《重建汉语中古音系的一些想法》.《中国语文》，1995年第6期.

③ 徐迟.《哥德巴赫猜想》. 83页，人民文学出版社，1978.

结论：

1. 当时有两种“普通话”。北朝以洛阳方言为基础，南朝以南京方言为基础。

2. 南京普通话以北来的洛阳话为底子而“染”有吴越方言，形成于公元5世纪。

现在讨论第二个南北朝与普通话传播问题。“第二个南北朝”的提法不见于史书，我们这样界定虽属自我作古，可根据当时政治地理的大分裂和普通话传播的事实来看，这样界定也是有充分根据的。

第二个南北朝时期，从普通话传播的历史而言，最根本最重要的事实是形成了北京官话。关于北京话，我在本文第二大部分“现代汉语普通话的历史来源”中已有论述，下文讨论入声问题时还会涉及。这里只谈三条：一是“第二个南北朝”中的“南”与“北”；一是洛阳话地位的下降；三是东北地区、内蒙古地区少数民族语言与汉语北方方言的接触融合问题。

先说第一条。第二个南北朝的“南”与“北”不仅与第一个南北朝的“南”与“北”有区别，其内部也可分为两段。

我们现在中国的版图大体上是从第二个南北朝开始逐渐发展固定下来的。这一时期北朝的地域应包括东北地区、内蒙古地区在内。第一个南北朝时期的北朝基本是以江淮为界。所谓北朝主要指洛阳、长安地区的政权，而第二个南北朝的北朝第一阶段主要指北京以北的地区，这就是从五代的后晋算起一直到北宋与辽的对立。也就是从石敬瑭割燕云十六州给契丹算起到北宋政权灭亡为止（936—1127）；辽的亡于金，比北宋亡于金早两年（1125），所以也可以说这第一阶段的南北对立是到辽亡为止。

这个阶段的南北对立，从普通话的传播史来看，极为重要。旧的历史书，以辽为敌国、为“番邦”，根本不以中国一体中的北朝视之。北京话的崛起始于辽，北京在辽代虽非首都，其地位比首都还重要。故此，这一时期，中国有三种强势方言具有“普通话”的资格。汴洛地区从五代到北宋都是政权所在地，无论是从传统还是从现实而言，汴洛话仍居首席，仍处于“龙头老大”的地位，其次是南京话，再其次是新兴的北京官话。这种三足鼎立的普通话格局是本文首次提出来的。此前，人们在研究 10 世纪、11 世纪的语音史时，目无北京，或者将汴洛音与北京音混而为一，有悖于史实。苏联语言学家谢·叶·雅洪托夫曾于 1980 年发表《十一世纪的北京音》一文，就将邵雍（1011—1077）的《声音倡和图》作为“反映北京音的更早的文献”。至今已有 20 多年，国内外无任何人指出，这是不正确的。雅洪托夫的根据是：“邵雍祖籍范阳，在今北京以南几十公里。三十岁那年，他迁居河南距洛阳不远的地方。”该文注（2）说：“邵雍于六岁时随父徙共城（今河南辉县）。”“人们往往保留着自己童年时在家就学会的语音特征，而邵雍祖籍正是现在的北京地区。”①

雅洪托夫对邵雍籍贯的变化介绍不准确，不全面。邵雍的祖籍的确是范阳。1011 年 12 月 25 日邵雍生于今涿州市大邵村。当时的涿州已被辽国占领达 70 多年之久，幽州（今北京）已成为辽国的南京。其生年上距辽宋澶渊之盟（1004）不到十年。可能是出于避免战乱的原因，在邵雍 8 岁（虚岁）时，其父邵伊川

① 陈重业，译.《汉语史论集》. 187、190 页，北京大学出版社，1986.

（988—1067）移家衡漳（今河南林州市），今林州还有康节村。1022年，邵雍12岁，随父迁居卫州共城县（今新乡市的辉县市），住在苏门山百源湖。他的儿子邵伯温在《邵氏闻见录》中说："祖父置家苏门山下，康节独筑室于百源之上。"（194页）"康节先公庆历间过洛，馆于水北汤氏……至皇祐元年（1049），自卫州共城奉大父伊川丈人迁居焉。"（194、195页）这一年，邵雍39岁，还没有结婚，穷得娶不上老婆。从12岁至39岁，在共城住了整整28个年头。所以从当时人到《宋史》本传都称他为河南人。本传说他"年三十，游河南"，并不是说他"三十岁那年，迁居河南距洛阳不远的地方"。共城在宋代属河北西路，从共城到洛阳就是"游河南"。那么，《声音倡和图》的方言基础究竟是北京音还是洛阳音？

我并不否认，"童年时在家就学会的语音特征""往往保留着"。但一、邵雍少年时代就到了共城，长住近30年之久，他不可能在河南人成堆的地方还保持儿时的涿州音吧。一口涿州腔，如何与人交往？一个十一二岁的小孩子能不入乡随俗、改变自己的"语音特征"吗？他一定会改变，也必须改变。二、邵雍在洛阳也住了近30年，虽说过的隐者生活，而跟当时的著名学者，达官贵人有相当广泛、深入的联系，深受社会尊重。有人给他介绍老婆，有人集资为他购房。他的文学用语必然是洛阳通语，不可能是童年时代的涿州话。他的洛阳情结很深。皇祐元年自共城迁洛才半年，就作《洛阳怀古赋》：

> 洛阳之为都也，地居天地之中，有中天之王气在焉。……噫，夏王之治水也，四海之内列壤惟九，而居

中者实曰豫州。荆河之北，此为上流。周公之卜宅也，率土之滨，达（建）国为万，而居中者实曰洛阳。①

周祖谟先生作《宋代汴洛语音考》，以邵雍《皇极经世书·声音倡和图》为据，完全正确。把倡和图的音系说成是北京话，真有点乱来。

第二个南北朝时期的第二阶段为南宋与金王朝的对立，南宋与元世祖忽必烈政权的对立。从南宋高宗建炎元年（1127）到帝昺祥兴二年（1279），共计153年。南北分界线：西以大散关（今陕西宝鸡市附近）为界，东南以淮水为界。汴洛地区属于金人统治的北朝，但洛阳话在北朝的地位已与北魏时期、北宋时期洛阳话的地位无法相提并论，洛阳话的地位已今不如昔。在金人的地域观念里，洛阳绝非“居天地之中”，也没有什么“王气在焉”。金人以燕京为中都，以开封为南京。这种地理观念的大改变，不是汉族造成的，而是由契丹、女真等少数民族造成的。马克思、恩格斯说：

到目前为止，暴力、战争、掠夺、抢劫等被看作是历史的动力。这里我们只能举一个最显著的例子：古老文明被蛮族破坏，接着就重新形成另一种社会结构（罗马和野蛮人，封建主义和高卢人，东罗马帝国和土耳其人）。对野蛮的征服者民族来说，正如以上所指出的，战争本身还是一种经常的交往形式；在传统的、对该民族来说唯一可能的原始生产方式下，人口的增长需要有

① 邵伯温.《邵氏闻见录》. 211页，中华书局，1983.

愈来愈多的生产资料，因而这种形式也就被愈来愈广泛地利用着。①

契丹、女真，乃至第一次南北朝时期的鲜卑等族，基本上都是游牧民族。通过战争改变了他们自己的社会结构，也改变了北中国的版图，还改变了他们的语言，两个南北朝的历史都证明，战争也是汉语普通话传播的重要方式。北中国汉语内部的高度一致，主要是战争造成的。契丹、女真等少数民族，在战争中夺取了汉族统治者把持的政权，掠夺抢劫了汉人的财富，改变了北方城市的政治文化地位，同时也失去了自己的社会结构、生产方式，而且毫无例外地失去了自己的语言。语言的丧失也带来了思想、观念、价值取向的丧失。因此，毫无例外地以“汉化”而告终。语言是一个民族的标志，这些征服者在胜利的初期阶段也时刻警惕着本民族的语言的丧失，但最终不得不汉化。原因有二：一是汉族的文化占绝对优势，二是汉族人口占绝对优势。契丹、女真可以获取军事上的优势，却没有这两大优势。战争，改变了汉族的命运（沦为被统治者），也改变了该民族自己的命运。最终造成共同的语言，共同的命运。

在古代，战争是汉语普通话传播的主要方式，这个问题从未有人做过深入研究。相反，有人认为少数民族入主中原，曾使汉人丧失了自己的语言。如李新魁先生就有这样的看法：

当苏辙奉使赴辽、到了燕市之时，当地的汉人已很难

① 《马克思恩格斯选集》. 第一卷，27 页，人民出版社，1972.

听到华夏的语言，这是汉语进一步为外族语同化的前奏。

……可见生活在燕地的汉人已经很少听到汉语了。[1]

李先生这个结论完全违背史实。他显然误解了苏辙这两句诗："忽闻中有京华语，惊喜开帘笑东人。""京华语"乃指北宋首都开封语，在燕市听到开封话，所以很"惊喜"。根本引申不出"在燕地的汉人已经很少听到汉语了"的结论来。开封话也是汉语，但不等于"汉语"，"汉语"也包括燕地汉人的语言。苏辙在《出山》一诗中，明确说："汉人何年被流徙，衣服渐变存语言。"说明汉人虽"流徙"北地，服装也变了，而语言却保存未变。还有，神宗熙宁八年（1075）沈括出使辽国，在《熙宁使契丹图抄》中明确讲道："山之南乃燕蓟八州，衣冠语言皆其故俗。"[2] 汉人在战争中遭受了种种灾难，每一次边祸都是死伤无数，而汉语在战争中永远是胜利者，其原因就是上面说的那两条。"汉人学得胡儿语"的情况是有的，但绝非主流。

处于战败地位的汉族为何就能因人口多、文化强而传播汉语呢？主要是人口流动、人口迁移从而导致语言传播。辽代的情况值得注意。辽国共分五道：上京道、东京道、南京道、西京道、中京道。据今人研究：

人烟稠密的是南京道和西京道，而在此两个道居住的主要是汉民。中京道的汉民也有一半左右。即使在契

① 《李新魁音韵学论文集》. 238 页，汕头大学出版社，1997.

② 贾敬颜.《五代宋金元人边疆行记十三种疏证稿》. 123 页，中华书局，2004.

> 丹的发祥地上京道和东京道，也有不少汉人居住在那里，他们有的是因避中原战乱而逃到那里的，也有的是在战争中被掠走的。东京道的辽东一带自必不说，即使上京道的黄龙府的居民，也都以汉语为各民族的通用语，汉人数量之多可见一斑。[1]

辽国原地的汉人来自哪些地方呢？以燕蓟之民为多。《辽史·地理志》载，上京道的临潢县，“太祖天赞初南攻燕、蓟，以所俘人户散居潢水之北”。（439 页）长泰县，“太祖伐大諲撰，先得是邑，迁其人于京西北，与汉民杂居”。定霸县，“太祖下扶余，迁其人于京西，与汉人杂处，分地耕种”。潞县，“本幽州潞县民，天赞元年，太祖破蓟州，掠潞县民，布于京东，与渤海人杂处”。（439 页）

以上列举的临潢、长泰、定霸、潞县，都有汉民。而且“上京临潢府，本汉辽东郡西安平之地”。（438 页）汉代甚至汉以前就应该有汉族人居住。

下面这条材料也很重要。五代后晋同州郃阳县令胡峤“为耶律德光所虏”[2]，“居虏中七年（947—953），当广顺三年，亡归中国”。他到过辽的上京（今内蒙古巴林左旗林东镇），在他的《陷辽记》（又作《入辽记》）中说：

> 又行三日，遂至上京，所谓西楼也。西楼有邑屋市

① 李丹林，李景屏.《萧太后评传》. 24 页，四川大学出版社，2004.

② 陶谷.《清异录》. 卷下，99 页，见《全宋笔记》第一编〈二〉，大象出版社，2003.

肆，交易无钱而用布。有绫锦诸工作，宦者、翰林、伎术、教坊、角骶、秀才、僧、尼、道士等，皆中国人，而并汾幽蓟之人尤多。①

胡峤所说的“中国”泛指中原地区，正是这些“中国人”把中原官话、北方官话传播到了北方的北方，中原以北的北方，即今内蒙古高原和东北地区。而中原人又以山西、河北之人尤多。其中有知识分子、技术人员、宗教人员，他们都是有一定文化的。后唐明宗时的翰林学士张砺为辽太宗耶律德光俘获，“德光重其文学，仍以为翰林学士。砺常思归，逃至境上，为追者所得，德光……待砺如故，其爱之如此”。②

宋真宗大中祥符元年（1008），知制诰路振奉命出使契丹，写了一本《乘轺录》，记载了他的所见所闻。当时的幽州“俗皆汉服，中有胡服者，盖杂契丹、渤海妇女耳。……城中汉兵凡八营”。中京（今内蒙古宁城县）“奚、汉民杂居益众。……虏主（辽圣宗）年三十余，衣汉服……汉官凡八人，分东西偏而坐。东偏汉服官三人，首大丞相晋王韩德让，年约六十”。③

这个韩德让是什么人？他是萧太后待字闺中时的恋人。他的祖父韩知古出身幽州望族，六岁时当了契丹俘虏，在耶律阿保机家当奴仆，由奴仆渐渐升至彰武军节度使。他的儿子也就是韩德让的父亲韩匡嗣本是儒医，辽景宗耶律贤曾委任他为进攻宋王朝

---

① 贾敬颜.《五代宋金元人边疆行记十三种疏证稿》. 21页，中华书局，2004.

② 《新五代史·四夷附录第一》. 897、898页，中华书局，1997.

③ 贾敬颜.《五代宋金元人边疆行记十三种疏证稿》. 49、59、61、62页，中华书局，2004.

的都统，兵败满城。韩德让本人在圣宗耶律隆绪（萧太后之子）时代，由于他和萧太后的特殊关系，加之才能出众，成为握有实权的重臣，曾多次与北宋王朝兵戎相见。

韩氏家族毁于契丹，也兴于契丹。契丹统治者之所以需要韩德让这样的汉人，是因为汉族在辽国有广泛的群众基础，汉族士大夫有丰富的统治经验，通晓文学典籍，懂得礼仪制度、经济制度、政治制度、文化制度。他们不仅需要汉人（汉人也愿意在这块土地上发挥自己的才能），也需要汉文化。《乘轺录》还有这样的记载：

> 虏有翰林学士一人，曰刘晟；知制诰五人，其一曰刘经。岁开贡举，以登汉民之俊秀者，牓帖授官，一效中国之制。蕃汉官子孙有秀茂者，必令学中国书篆，习读经史。[1]

辽国的贡举制度、教育制度，“一效中国之制”，这就是“汉化”。局部地区的统治者换了，而文化未换，制度未换，语言未换。不仅未换，反而扩展到了原契丹地区。后来的女真、蒙古族入主中原，其汉化过程大体如此。

辽国也是一个多民族的国家。从政权这个层面来说，契丹人为主；而从人口的数量来说，汉人为主。据统计：“辽国强盛时，全疆域内约有户130万，……契丹族约有15万户。”[2] 130万减去15万，还有115万。这115万人中除少量属于奚族、靺鞨等族之外，全是汉人。契丹人生活在汉人的汪洋大海之中，故汉语得以

① 贾敬颜.《五代宋金元人边疆行记十三种疏证稿》. 74、75页，中华书局，2004.

② 袁祖亮.《中国古代边疆民族人口研究》. 252页，中州古籍出版社，1999.

成为各民族的通用语。直至金代，情况还是这样。

宋徽宗宣和七年（金太宗完颜晟天会三年，1125 年），金人消灭辽国，宋派著作郎许亢宗使金，他的《行程录》中记载了当时黄龙府（今吉林农安县）的民族用语情况：

> 当契丹强盛时，虏获异国人则迁徙、杂处于此。南有渤海，北有铁离、吐浑，东南有高丽、靺鞨，东有女真、室韦，东北有乌舍，西北有契丹、回纥、党项，西南有奚，故此地杂诸国风俗：凡聚会处，诸国人语言不能相通晓，则各为汉语以证，方能辨之。是知中国被服先王之礼仪，而夷狄亦以华言为证也。[①]

汉语不仅未“为外族语同化”，而且一直是强势语言，即使在辽金腹地也是如此。“异国人”之所以选择汉语作为“国际”通用语，原因已如上所述，一是人口占绝对优势，二是文化占绝对优势。还有，东北地区、内蒙古高原的汉语必然是以并、汾、幽、蓟的方言为基础，而幽州无论是在辽代还是在金代都是政治、经济、文化中心，幽州话也就是北京话无疑处于强势地位。发展到元代，北京话已取代洛阳话的地位而成为北方官话的标准语了。

我在上文已经初步指出：“第二个南北朝时期，从普通话传播的历史而言，最根本最重要的事实是形成了北京官话。”为了证明这一点，我们已将辽金时代内蒙古、东北地区的汉语传播情况做了一番考察，现在再看看辽、金二代对北京的经营情况如何。只有将两方面的

① 贾敬颜.《五代宋金元人边疆行记十三种疏证稿》. 249 页，中华书局，2004.

情况结合起来研究，我们才能解释当代官话中的一个重要事实：北京官话与东北官话具有高度的一致性，甚至可以合而为一。

1. 北京的地理位置

北京位于华北平原北端，是中原地区与内蒙古、东北地区的结合点。北京之所以成为结合点，跟当年北部边界地的重新界定有关。许亢宗在《行程录》中说："夷狄自古为寇，则多自云中、雁门，未尝有自渔阳、上谷而至者。昔自石晋割弃契丹，以此控制我朝。"① 石敬瑭割燕云十六州给契丹，使北部边界线退缩到白沟拒马河。北京就成了辽金两代的战略要地和语言接触、语言融合的中心。

2. 辽金二代改变了北京的命运

辽太宗耶律德光天显十一年（936）不战而得燕云十六州，于会同元年（938）就升幽州为南京，会同十年（947）改国号曰辽。辽圣宗耶律隆绪开泰二年（1013）又改南京为燕京。辽亡于1125年。从936年到1125年，契丹/辽王朝对北京的经营差不多有200年的历史。北京以都城的面貌崛起，以北方政治、军事、经济、文化中心的地位崛起，正在此时。在辽王朝鼎盛时期，北京（那时称"南京"）已成为"国际"商贸中心。北连西伯利亚，东接朝鲜半岛，西通中亚欧洲，南邻中原北宋。"中国""中国人"被某些外族称为Catai、Cathay、Kitad即始于此时，后来发展为"汉人即契丹，契丹是汉人"。参阅贾敬颜《"汉人"考》及《"契丹"——汉人之别名》，二文均收入《中华民族多元一体格局》，中央民族学院出版社，1989年。

① 贾敬颜.《五代宋金元人边疆行记十三种疏证稿》. 233页，中华书局，2004.

"契丹"与汉人的融合，首先表现为语言的融合。北京官话在融合过程中渐渐兴起。

金王朝对北京命运的改变有两点：一是扩建北京城，二是定为首都。北京人口由辽代的30万增至100万。

金王朝对燕京的占领始于1122年。这一年为辽天祚帝耶律延禧保大二年，金太祖完颜旻天辅六年，宋徽宗宣和四年。此前，即宣和二年，宋朝派出使者，由登州泛海使女真，相约夹攻契丹，在宋金夹击之下，耶律延禧逃出燕京，燕京留守耶律淳被立为皇帝，随即惊恐而死，燕京为金军占领。按宋金盟约，1123年，"割（幽州）以遗宋。宋宣和七年（1125）改复为金所有"。[①]

金海陵王完颜亮贞元元年（1153）迁都燕京，名为中都。

金宣宗贞祐二年（1214）在蒙古军的打击下迁都汴京。贞祐三年（1215）燕京为蒙古军占领。就在这一年，成吉思汗的孙子，后来成为元帝国缔造者的忽必烈出生。

从1153年到1215年，金王朝以燕京为首都达60余年。

蒙古人占领燕京之后，并未立即定都燕京，直到元世祖忽必烈"至元四年（1267年，忽必烈时年53岁）始迁都于中都之东北，改为大都路。"[②]

"洪武元年（1368）八月克复，改大都路为北平府。"[③]

从贞祐三年（1215）蒙古军占据燕京到元顺帝至正二十八

---

① 《顺天府志》. 卷十一，259页，北京大学出版社，1983.

② 《顺天府志》. 卷十一，258页，又"六年，作新大都于燕"。176页，北京大学出版社，1983.

③ 《顺天府志》. 卷十一，258页，北京大学出版社，1983.

年（1368）元朝灭亡，蒙古人统治北京达153年之久。契丹辽、女真金、蒙古元，这三个来自塞外、关外、口外的民族经营北京达四百余年。今天的北京话就是在这四百余年中成长起来的。今天北京的首都地位也是由这三个民族在汉族的参与下共同奠定的。

3. 幽州人的选择与汉语普通话的传播

以往的历史著作从封建正统观念出发，从大汉族主义出发，对辽金政权的积极面肯定不足。辽金发迹并进而问鼎中原，固然有游牧民族的军事优势作为基础，人心向背也很重要。每逢汉族地方统治者暴虐腐败，使得民不聊生，人民往往会逃往异族统治者的政权之下，帮助异族统治者反对汉族政权。历史记载虽然回避这类事实，但总要留下一些痕迹。辽太祖耶律阿保机的成功就深得汉人之助。欧阳修《新五代史·四夷附录》云：

> 阿保机，亦不知其何部人也，为人多智勇而善骑射。是时，刘守光（盈按，公元911年自号大燕皇帝，改元曰应天）暴虐，幽、涿之人多亡入契丹。阿保机乘间入塞，攻陷城邑，俘其人民，依唐州县置城以居之。汉人教阿保机曰："中国之王无代立者。"由是阿保机益以威制诸部而不肯代。其立九年，诸部以其久不代，共责诮之。阿保机不得已，传其旗鼓，而谓诸部曰："吾立九年，所得汉人多矣。吾欲自为一部以治汉城，可乎？"诸部许之。汉城在炭山东南滦河上，有盐铁之利，乃后魏滑盐县也。其地可植五谷，阿保机率汉人耕种，

为治城郭邑屋廛市如幽州制度，汉人安之，不复思归。①

至阿保机，稍并服旁诸小国，而多用汉人，汉人教之以隶书之半增损之，作文字数千，以代刻木之约。(888页)

又谓（姚）坤（后唐明宗供奉官）曰：“吾能汉语，然绝口不道于部人，惧其效汉而怯弱也。”因戒坤曰：“尔当先归，吾以甲马三万会新天子（指后唐明宗李嗣源）幽、镇之间，共为盟约，与我幽州，则不复侵汝矣。”（盈按：这是公元926年的事。10年后，阿保机的继位人耶律德光从“儿皇帝”那里不仅得到了幽州，而是16州。）

当阿保机时，有韩延徽者，幽州人也……阿保机……遂用以为谋主。阿保机攻党项、室韦，服诸小国，皆延徽谋也。延徽后逃归，事庄宗，庄宗客将王缄谮之，延徽惧，求归幽州省其母。……延徽曰：“吾欲复走契丹。”德明以为不可，延徽曰：“阿保机失我，如丧两目而折手足，今复得我，必喜。”乃复走契丹。阿保机见之，果大喜，以谓自天而下。阿保机僭号，以延徽为相，号“政事令”，契丹谓之“崇文令公”。后卒于虏。②

阿保机会说汉语，汉人教给他建立“家天下”制度，教给他

① 《新五代史》. 886页，中华书局，1997.
② 同上书，890页.

建立城邑，教给他农耕，教给他怎么打天下，怎么治理天下。不仅普通百姓“亡入契丹”，韩延徽这样的谋士、政治人物最终也选择了契丹。汉文化的传播，汉语的传播，就是通过这些具体交往一步一步、一点一点、一代一代实现的。在当时，汉民族与契丹族由接触而融合几乎是不可阻挡的历史趋势，汉语向契丹地区传播同样是不可阻挡的趋势。阿保机会汉语却“绝口不道于部人”，这也是枉费心机。他的“部人”不得不归化于汉语。

辽政权既然有广泛的汉族农民、手工业者、宗教人士、士大夫作为基础，所谓“汉人思汉”的问题，“事实上，这是一个缺乏依据的幻想”。原中央民族学院贾敬颜教授（？—1990）在《“契丹”——汉人之别名》一文中已有论证。他说：“说得明了一些，燕人—汉人自上而下早已安于辽的统治，而不再思念那个残弱不堪、甚至被遗忘已久的中原小朝廷了。‘思汉’云云，完全出于宋人的妄想，是一厢情愿的‘单相思’。”

宣和四年，辽国燕王耶律淳的秘书郎王介儒曾对宋朝的官员说：

> 南朝每谓汉人思汉，殊不思自割属契丹已近二百年，岂无君臣父子之情？
>
> 燕人久属大辽，各安乡土，贵朝以兵挠之，决皆死战。[1]

---

① 马扩.《茅斋自叙》. 转引自刘坚、蒋绍愚主编《近代汉语语法资料汇编》（宋代卷），110、111页，商务印书馆，1992.

汉人不“思汉”的根本原因是他们还生活在汉人中，他们的语言、他们的文化制度并未发生变化；他们“安于辽的统治”，是这个统治比之“中原小朝廷”更宜于人民生存。对普通小百姓来说，谁来统治毕竟是次要的，首要的是宜于生存。

三、第三个问题：入声是区分中古与近代普通话语音的重要标准

王力先生在《汉语史稿》中指出：

> 近代汉语的特点是：（1）全浊声母在北方话里的消失；（2）–m 尾韵在北方话里的消失；（3）入声在北方话里的消失，等等。①

这三个“消失”都只限于“在北方话里”。所谓“北方话”，说得更明确一点是北方官话，也就是北方普通话。现代汉语普通话的根基在北方，是近代汉语普通话的继续发展，一脉相承。

这三个“消失”始于何时？也就是近代汉语普通话上限始于何时？

王力先生以公元 13 世纪（南宋末年）作为上限的起点，我以为太晚。

近代汉语北方普通话应始于唐末五代。就语音标准而言，这三个“消失”在唐末就已开始了。周祖谟先生 1982 年在《唐五代的北方语音》中说：

① 《汉语史稿》.35 页，科学出版社，1957 年。又见《王力文集》第九卷，48 页，山东教育出版社，1991.

> 唐代北方的语音已经跟《切韵》一系的韵书很不相同了。这样对于我们划分汉语语音发展的历史阶段就颇有启发。一方面由此可以理解到宋代以后语音的演变跟唐代的关系，另一方面由此可以理解到现代汉语普通话的形成是经过很长一段历史的。现代普通话的语音不同于《切韵》，其演变远自唐代已经开始。[①]

20世纪80年代初，周先生作《变文的押韵与唐代语音》，将变文押韵的部类分为二十三摄。他说："现在我们可以进一步根据变文和其他民间文学作品的押韵来推测九、十世纪唐五代北方的读音了。""唐代北方的语音已逐渐与《切韵》分韵的大类有不同。……后代北方普通话的音韵系统应当说就是在这一基础上发展而成的。""现在大北方的普通话的韵母系统就是在这二十三摄的基础上发展来的。要研究普通话语音发展的历史，不能不以此为起点。"（此文原收入《语言文字学术论文集——庆祝王力先生学术活动五十周年》，知识出版社，1989年。后收入《周祖谟语言学论文集》，题目改为《敦煌变文与唐代语言》，商务印书馆，2001年）

周先生在两篇重要论文中都指出，研究现代普通话的语音史要以唐五代北方语音为起点，我个人完全赞同这一观点。因为唐五代北方音虽然内部肯定有方言分歧，但变文材料"实际代表了中唐以后陕西长安以及河南洛阳等处广泛地区的语音韵部的分

---

① 《周祖谟语言学论文集》. 307页，商务印书馆，2001.

类”。[1]“是以共同的语音系统为基础的。”[2]

关于三个“消失”，周先生所得结论如下：

“唐代的北方音浊声母有清化的倾向，平声有两个声调，浊音字开始有读为送气清音的迹象，声调的分化，也就与声母的清浊发生关系。”[3]

“在唐代方言中闭口韵深咸两摄字的韵尾-m有变为-n的，那就跟臻山两摄字合流。……可能是一时权宜的通叶，还不能认为咸摄韵尾-m已变为-n。”[4]

关于入声问题，周先生认为：“也许收-t、收-k的入声韵尾都变为［ʔ］，所以在一起押韵。”[5]

这三条结论都相当谨慎，用来证明近代汉语北方普通话语音当以唐末五代为起点，已足够用了。

关于浊声母清化、-m尾失落问题，能用来作为研究的材料，大体上都利用了，一时很难有重大突破。入声消失问题还有可深入探求的余地。这个问题争议也最多、最大。诗人用韵因深受传统韵书影响，故很难从韵脚上判断入声是否消失。早于《中原音韵》半个世纪的《蒙古字韵》已没有入声韵（可参阅宁忌浮《古今韵会举要及相关韵书》，165页，中华书局，1997年。沈钟

① 《周祖谟语言学论文集》. 288页，商务印书馆，2001.
② 同上书，272页.
③ 同上书，307页.
④ 同上书，291页.
⑤ 同上书，293页.

伟《从〈蒙古字韵〉论入声音节的复音化》，《音史新论》，310页，学苑出版社，2005年），却未引起广泛注意。《中原音韵》虽已明确将入声派作三声，但人们对此一现象的认识几乎决然相反。我认为前人对词曲入声字使用规律的总结，为我们考察入声的消失过程提供了有价值的参考资料，其中最重要的是入可代平这条规律。过去的研究者也有人注意到此，却未能引起足够的重视，研究本身也不够系统。

1. 沈义父、张炎的总结

南宋末年沈义父在《乐府指迷》中说："其次如平声，却用得入声字替。"[①] 有人认为："以平代入这个'宋人成例'，实在只是宋人作词时的一种'方便法门'，并非语音发展的必然。"[②] 此说失之深考，乃囿于成见。把一个与《中原音韵》入派三声可以互证的重要材料轻轻地否定了。

张炎与周德清算得上是同时代的人。张炎（1248—1320）只比周德清（1277—1365）大30岁，张炎作《词源》时（1317），周德清已40余岁。

沈义父生卒年不详，生活在理宗时代。据有关方志记载，沈于理宗嘉熙元年（1237）"以赋领乡荐"[③]，沈也是南宋遗民，有可能比周德清大六七十岁。

沈义父、张炎指出入可代平，的确是"宋人成例"。这个"例"如果没有实际语音作为根据，能凭空形成吗?！既然是"成

① 蔡嵩云.《乐府指迷笺释》. 67页，人民文学出版社，1998年. 蔡桢（即蔡嵩云）.《词源疏证》卷下，9页.

② 《李新魁音韵学论集》. 158页，汕头大学出版社，1999.

③ 《乐府指迷笺释·编者附记》. 95页，人民文学出版社，1998.

例”，没有二三百年的演变时间，这个“例”“成”得了吗？在没有词韵书的唐末五代、南北两宋时期，这个“例”若无口语作为实际根据，又如何能代代相传保持这个“成例”呢？如果没有实际口语作为依据，这个“法门”就太不“方便”了。道理很简单，也很明白，词曲原本是要入乐的，是要能上口的。如果不顾语音实际硬要用入声字代平声字，能不荒腔走板？听众又如何听得懂？

在以往的词曲研究中，词曲家都很重视这个“成例”，只有语言学家置这类研究于不顾或持轻易否定态度。

《乐府指迷笺释》还引用了《词林韵释》的话：“入声有作平声者，有作上、去者。”（68页）也就是入派三声。

清初万树《词律》卷一的一条注文说：

> 声音之道，古今递传，诗变词，词变曲，同是一理。自曲盛兴，故词不入歌，然北曲《忆王孙》《青杏儿》等，即与词同。南曲之引子与词同者将60调，是词曲同源也。况词之变曲，正宋元相接处，岂曲入歌，当以入派三声，而词则不然乎？故知入之作平，当先词而后曲矣。盖当时周、柳诸公制调，皆用中州正韵，今观词中，如“不”音“逋”、“一”音“伊”之类，多至万千，正与北曲同，而又何疑于入作平之说耶？且用韵句亦可以入为叶……。至通篇入叶之词，有可兼用上去，如《贺新郎》《念奴娇》之类。有本是平韵而以入代叶者，如金谷此篇之类。①

① 《词律》. 卷一，64页，上海古籍出版社，1984.

盈按：金谷指宋代石孝友。石有《金谷遗音》一卷。他的《南歌子》“春浅梅红小”以“薄”“幕”“角”“恶”“著”“削”为韵，通篇韵脚以入代平。比《词律》晚出的康熙《钦定词谱》（康熙五十四年，1715 年）卷一在此篇下有一按语：“宋沈伯时（沈义父，字伯时）《乐府指迷》论平声字可以入声替，如此词本平声韵，今更入声韵是也。”①

《四库全书总目提要》集部词曲类，著录沈氏《乐府指迷》，提要云：“至所谓去声字最要紧及平声字可用入声字替，上声字不可用入声字替一条，则剖析毫芒，最为精核。万树《词律》实祖其说。”（1828 页）

《总目》说，“上声字不可用入声字替”，误。原文作“上声字最不可用去声字替”。②

现代学者对此有较为深入研究的是夏承焘先生。他在《“阳上作去”“入派三声”说》一文中引用万树这段话之后，紧接着指出：

> 按万氏云云，诚名通之论，但仅举南宋金谷、惜香、坦庵为例，而不知北宋已有大晏《相思儿令》“日”“绿”“落”之作去，及小晏《梁州令》“曲”叶“去”“处”之例，尚为未达一间。且此例在词，并可上溯至唐。其在韵脚者，有《云谣集杂曲子》《渔歌子》之以“寞”叶“悄”“妙”。词中入派三声，此殆其最早之例。③

---

① 《康熙词谱》. 卷一，11 页，岳麓书社，2000.

② 《乐府指迷笺释》. 67 页，人民文学出版社，1998.

③ 《唐宋词论丛》. 13 页，中华书局，1962.

“入派三声”，词家从无异议。清代词人周济《宋四家词选目录序论》云：

红友（万树字红友）极辨“上”“去”，是已。“上”“入”亦宜辨：“入”可代“去”，“上”不可代“去”，“入”之作“平”者无论矣。其作“上”者可代“平”，作“去”者断不可以代“平”。[①]

这是说“入派三声”是有规律的，并非随意替代。

2. 段安节《乐府杂录》的“商角同用”

最早记录入可代平的是段安节的《乐府杂录》。此书结尾部分有《别乐识五音轮二十八调图》[②]。图中记载了乐调与声调的配合关系问题。原文是：

用宫、商、角、羽，并分平、上、去、入四声。其徵者有其声无其调。

平声羽七调。……第一运中吕调，第二运……

上声角七调。……第一运越角调，第二运……

去声宫七调。……第一运正宫调，第二运……

入声商七调。……第一运越调，第二运大石调……

上平声调

① 《介存斋论词杂著》. 14页，人民文学出版社，1962.

② 这个题目有的本子“乐”后有“仪”字，有的本子“音”后无“轮”字。这里据中华书局上海编辑所1958年本 .

为徵声，商角同用，宫逐羽音。①

这个图已有“上平声调”，说明当时已平分阴阳，这是浊音清化的反映。后来李清照《词论》也说：“歌词分五音，又分五声。”王仲闻注：“此处之五声非上之五音，应作阴平、阳平、上、去、入五声解。”② 从段安节到李清照约二百余年，五音与五声相配的关系，平分阴阳的问题，乐家、词家代有传承。

《别乐识五音轮二十八调图》的内容，随着乐调的失传，元明时代已是难解之谜。

上海金山县清代藏书家钱熙祚（1800—1844）在《乐府杂录·跋》中说：“语不可解。”

乾隆年间安徽歙县词学家方成培（与程瑶田同时）在《香研居词麈》中说：此图“自来无人能解”。所以他要来破译图旨：

> 培近观杨诚（盈按：“诚”乃“守”字之误）斋“择腔用韵”之说，忽然有悟，真快事也。所谓“运”者，用也。分为四声，各用一韵，以填七调。……非此则不协律也。“上平声调为徵声”者，言徵调宜用上平声韵填之，但有其声无其调，故但云“为徵声”而已。
>
> “商角同用”者，角调宜叶上声韵，商调宜叶入声韵，而上平之韵二调亦可叶也。
>
> “宫逐羽音”者，宫音之调宜叶去声韵，羽音之调

① 《乐府杂录》中华书局本，42、43页。辽宁教育出版社“新世纪万有文库”本，20、21页，1998.

② 《李清照集校注》. 198页，人民文学出版社，1997.

宜叶平声韵，而去声之宫亦可叶平声之羽，故曰“宫逐羽音”也。余此解发元明人所未发。毛稚黄（毛先舒之字。后更名骙，字驰黄）、沈去矜（沈谦，字去矜，明末清初人，著有《词韵略》）诸君呶呶于词韵、曲韵之分，皆隔壁听，匪达乎声律之原者也。[1]

方成培对“商角同用”的解释，在语音史上很有意义。原来宋词的入可代平这一“成例”始于唐代。入声在唐末已开始分化，这是可以断言的。

方成培说自己对段图的阐释是受到杨守斋的启发。杨守斋，名缵，号紫霞翁，与周密同时。“精于琴，故深知音律”（《词源》卷下）。著有《作词五要》，张炎将其附于《词源》卷下。“第一要择腔”，“第四要推（一作‘随’）律押韵。如越调《水龙吟》、商调《二郎神》，皆合用平入声韵。古词俱押去声，所以转折怪异，成不祥之音。昧律者反称赏之”。方成培的《词麈》以及近人蔡桢的《词源疏证》对这段话都有解释。蔡说晚出，基本上依据方成培。现将蔡说录于此：

按“推律”之意，乃谓推求此调属某律某音，然后协某韵，方始合律。即段安节《乐府杂录·五音二十八调》所说是也。《水龙吟》越调，即无射商，《二郎神》商调，即夷则商，据《乐府杂录》，入声商七调用之。平声则“商角同用”者也，故云“合用平入声韵”（盈

① 《香研居词麈》. 卷三，36、37页，辽宁教育出版社，新世本万有文库本，1998.

按：见杨守斋《作词五要》之四）。若去声韵，则宫七调用之，只当叶宫声之调，非商声之调所宜矣。然宋词往往不拘，盖文士挥毫，不暇推求合律故耳。①

蔡桢释“合用平入声调”（即“商角同用”）是对的。至于宋词有宫商同用，即入可代去，恐怕不单是“文士……不暇推求”所致，还应该是实际语音的反映。

段安节乃《酉阳杂俎》作者段成式（803—863）之子，温庭筠之婿（参阅《新唐书·段成式传》。南唐刘崇远《金华子》卷上，37页，中华书局，1958年。《唐语林》卷二，58页。方南生《段成式年谱》，见方南生点校《酉阳杂俎》，中华书局，1981年）。唐昭宗乾宁年间（894—899），为朝议大夫守国子司业。《乐府杂录》著于此时。下距杨守斋已有三百余年（假定杨守斋与周密同时生），距周德清的《中原音韵》已有四百二十余年。由入代平演变为由入代上，代去，到入声消失，这是一个有几百年历史的渐变过程。

文学艺术作品反映口语中入声的演变，与作品的性质有关。最先反映入声变化的是乐府歌辞；其次是文白相间的文人词；诗因为韵书的束缚，考试制度的束缚，“落韵”即“名落孙山”，故文人的诗韵很少能反映口语的变化。利用诗韵归纳出来的韵部，局限性很大。

3. 戈载《词林正韵》对入声一分为二

清代对“入派三声”研究最深入的学者为戈载。他于嘉庆末

① 《词源疏证》. 卷下，173页，北京市中国书店，1985.

年研究宋词用韵。“凡三阅寒暑而卒事，名曰《词林正韵》。”（《词林正韵·发凡》）“是书列平上去为十四部，入声为五部，共十九部，皆取古人之名词参酌而审定之。”（《发凡》）

关于入声，他是两点论。一点是“词则明明有必须用入之调，断不能缺，故曲韵不可为词韵也”。（《发凡》）另一点是“惟入声作三声，词家亦多承用，如……此皆以入声作三声而押韵也。又有作三声而在句中者，如……诸如此类，不可悉数”。（《发凡》）词的押韵比诗宽，而句中仄声字的使用比诗严，戈载注意到句中入声字“有作三声……者”，他的研究是很细的。

他的两点论在韵部中是如何落实的？

> 故用其以入作三声之例，后末仍列入声五部。则入声既不缺，而以入作三声者皆有切音。人亦知有限度，不能滥施以自便矣。①

《词林正韵》的入声五个部为：第十五部：屋沃烛通用；第十六部：觉药铎通用；第十七部：质术栉陌麦昔锡职德缉通用；第十八部：勿迄月没曷末黠辖屑薛帖通用；第十九部：合盍业洽狎乏通用。

其中，第十七部-k、-t、-p 通用，第十八部-t、-p 通用。

这种“通用”说明五个入声部的性质已与《广韵》中的入声大不相同，起码是-k、-t、-p 脱落合而为-ʔ 尾了。这五个独立入声部与阳声韵相配：

① 《词林正韵·发凡》，51 页，上海古籍出版社，1981.

第十五部与第一部东冬钟相配；

第十六部与第二部江阳唐相配；

第十七部中的质术栉与第六部真谆臻文欣魂痕相配；

第十七部中的陌麦昔锡职德与第十一部庚耕清青蒸登相配；

第十七部中的缉与第十三部的侵相配；

第十八部与第七部元寒桓删山先仙相配；

第十九部与第十四部覃谈盐沾严咸衔凡相配。

独立入声部以外的入声字分别派入七个阴声韵的平上去三声。即：

第三部支脂之微齐灰；

第四部鱼虞模；

第五部佳皆咍；

第八部萧宵爻豪；

第九部歌戈；

第十部佳（半）麻；

第十二部尤侯幽。

这些派入三声的入声字，是临时派入呢还是读作相应的阴声韵了呢？戈载的意见非常明确，“至其叶三声者，则入某部即从某音”。[①] 戈载为这类字注上了反切。如第三部入作平声：室，绳知切；悉，星西切；秩，征移切；吉，更移切，等等。

戈载的研究已经相当精细，《词林正韵》一书在当时颇受好评。朱绶（道光举人）在该书序言中称赞其“畅发阳羡万氏入声有三声之说，而定其缪戾处”。冯煦（光绪进士）说：“近戈氏载

① 《词林正韵·发凡》. 67 页，上海古籍出版社，1981.

撰《词林正韵》，列平上去为十四部，入声为五部，参酌审定，尽去诸弊，视以前诸家，诚为精密。”①

《词林正韵》对入声的研究，能引发一些什么样的思考呢？

①入声既有部分字独立成部与阳声相配，又有部分字与阴声相配，且“入某部即从某音”，这是否意味着入声正处在大分化之中、正在向阴声转化呢？

②或者说入声已全部消失，而词的语言形式和文人保守传统诗韵，以致入声处在两可之间呢？

所谓“词的语言形式”是指什么呢，词的语言形式有很丰富的内容，这里专指文白相间的问题。俞平伯在《唐宋词选释·前言》中说：

> 它在最初，是接近口语的。它用口语，亦用文言；有文言多一些的，有白话多一些的，也有二者并用的。语文参错得相当调和，形式也比较适当。这个传统，在后来的词里一直保存着。②

“语”和“文”“参错”，在词律、词韵上的表现之一就是入声会出现“两可”的情况。按口语，入声可用作三声；按传统诗韵，入声仍是独立的。以致我们很难单纯据词韵、词律来判断入声是否消失。当然，我们也可以这样认为：在实际口语中，入声已消失，而文人用韵偏于保守，仍按传统诗韵保留入声。

---

① 《蒿庵论词》. 74 页，人民文学出版社，1962.

② 《唐宋词选释》. 7 页，人民文学出版社，1994.

③戈载说，他的《词林正韵》“所分十九部，一以唐宋诸名家为据，无敢稍纵”。(《发凡》)“唐宋诸名家”所用的语言是什么性质呢？应当是以中州话为基础的北方官话。官话又有口语官话和读书音官话之分。反映在入声问题上，口语官话入声的消失应当比读书音官话要早得多。两宋时代的“读书音”，也处于动态演变之中，促使读书音演变的根本条件就是口语在不断变化。苏轼的儿子苏过曾对人说：

> “今世一切变古，唐以来旧语尽废。”[①]

他说这个话是宋徽宗政和年间（1111—1117），地点是东都（开封）。他讲的是新语词代替旧语词，其中无疑也有语音上的变化。

“唐以来旧语尽废”，似乎从未引起语言学家的注意。这一句话提供的消息值得我们深入发掘。“旧语尽废”的社会原因乃唐末五代北中国长期处于战乱之中，死人无数，人口高度流动，塞外少数民族与中原之民互相迁移，五方杂处，语言接触、融合的程度只有南北朝时期可比，而入声的渐渐消失，是这次语言大接触、大融合的重要标志。无论是读书音、口语音都已不可能还保存隋唐时代入声的原貌。五代时的开国之君基本上是些流氓无赖。梁太祖朱三“壮而无赖，县中皆厌苦之”。[②] 唐、晋、汉的国君原本非汉人，又都是武夫出身。他们对中国的传统文化无根底

---

① 陆游.《老学庵笔记》. 卷六，8页，上海商务印书馆，1933年，涵芬楼藏版。又上海远东出版社本，卷六，259页.

② 《新五代史》. 卷13，128页，中华书局，1997.

可言。唐“庄宗好俳优，又知音，能度曲，至今汾、晋之俗，往往能歌其声”。[①] 但这位以朱邪为姓的沙陀人，当然不会死守《切韵》，他的“知音”“度曲”自然以北方民间口语为据。词韵入派三声，是否与李存勖之流的音乐活动也有一定的联系呢？值得进一步研究。我们对唐末五代北方普通话的研究以及对辽金普通话的研究都有很多工作可做。戈载的研究有一个很大的不足就是没有分出地域，尤其是南北的不同。但根据现有材料，我们说近代汉语普通话语音始于唐末五代，这个结论大概是站得住的。

4. 现代官话方言入声演变问题

侯精一主编的《现代汉语方言概论》将官话方言分为八个区，这是李荣的意见。“李荣先生在《中国语言地图集》中以古入声字今读调类的不同分化为条件，将官话方言分为下述八个区。”[②]

入声既是官话与非官话的区分标准，又是官话内部的区分标准。前者是入声韵/入声调的有无问题，后者是入声演变方向问题。这个标准当然不是绝对的，但李先生从入声入手来解决分区问题，实在是抓住了要害。我们在分期问题上（即区分中古与近代）也从入声入手，以入声作为关键，这一分析方法的提出同样具有重要意义。只不过由于历史资料不足，或考察还不够深入，不能像分区那样从口头材料出发，难度自然要大得多。

李先生在《中国语言地图集·汉语方言的分区》一文中说，他从 1956 年起，就“琢磨汉语方言的分区，尤其是官话的分区。从古入声今南京话仍读入声、今重庆话全归阳平入手，发现古入

① 《新五代史》. 卷 37，398 页，中华书局，1997.
② 《现代汉语方言概论》. 17 页，上海教育出版社，2002.

声字的演变为今调类，在官话方言里有下文所说七种方式”。“同时还要指出，入声归并到其他调类，也是渐变的。”①，我在这里感兴趣的是：这“七种方式”是如何“渐变”的呢？要将“七种方式”演变的时间层次、历史条件、音变条件说出来，实在不易。我现在把官话区内部入声演变分为三种类型，将侯精一主编的《现代汉语方言概论》17 页的表 5 加以改排，似乎更便于分析：

	官话名称	古全浊	古次浊	古清音
1	西南官话	阳平	阳平	阳平
2	中原官话	阳平	阴平	阴平
3	兰银官话	阳平	去声	去声
4	冀鲁官话	阳平	去声	阴平
5	胶辽官话	阳平	去声	上声
6	东北官话	阳平	去声	阴阳上多去
7	北京官话	阳平	去声	阴阳上去

南京官话是官话中唯一保存入声的官话，与其余 7 种官话大别。其余 7 种官话方言的古入声字，其演变类型有三：

第一种，古入声不论清浊一律变阳平，此类只有西南官话。

第二种，入声演变有两个层次。古全浊一律变阳平，古次浊、古清音一律变为阴平（中原）或一律变为去声（兰银）。

第三种，入声演变有三个层次：

古全浊一律变为阳平；

① 《中国语言地图集》A2. 中国社会科学院和澳大利亚人文科学院合编，Longman 朗文，香港，1987.

古次浊一律变为去声（冀鲁、胶辽、东北、北京）；

古清音或演变为阴平（冀鲁），或演变为上声（胶辽），或演变为阴阳上去（东北官话区入声的清音声母字今读上声比北京多得多）。（李荣）

上表提供了这样一些可供分析的问题：

入声跟平声的关系最为密切，尤其是阳平；跟去声的关系次之；跟上声的关系最为疏远，这是为什么？

古清音的演变为什么分歧最大呢？几乎无规律可言。中原与冀鲁一致（阴平），东北与北京基本一致。而七大官话区基本不一致。

为什么江淮官话保存入声而其他官话区都没有了入声呢？

研究入声演变的历史，这三个问题是必须回答的。我谈一点不成熟的看法。

入声变平声的特别多，应该跟唐末开始的所谓以入代平有关。当时的以入代平，实际上就是入声演变成了平声（特别是阳平）。阳平的产生就意味着古全浊的消失。古全浊入声的消失与整个全浊的消失应该是同步的。去入关系从来相近，古次浊、古清音入声演变为去声，跟调值短促有关。

古清入的演变为什么分歧最大呢？我以为清入的演变可能时代较晚，这种演变是在相关的次官话区内独立完成的，故参差不齐。

江淮官话保存入声，完全是社会条件、方言环境造成的。东晋南渡，把中原“官话”（当时尚无“官话”之名）带到金陵。当时整个汉语入声很稳定，北朝、南朝“官话”都还没有失去入声。从唐末五代一直到两宋，中国社会发生第二次南北大分裂。

北方社会大动荡，方言大融合，入声渐渐消失。而南方相对稳定，方言发展相对缓慢，加之南方此时的文化高于北方，文学语言以文言为正宗，传统韵书中的入声与方言中的入声地位都很稳固，南京官话的入声当然不可能消失。

古入声演变的研究，关乎语音史的分期，也关乎现代汉语普通话的起源研究。我在这里只以文献资料为据进行了初步考察，如能对有关官话方言的历史做深入发掘，所得结论可能会更为可信。

参 考 文 献

阅读有限，取舍或有不当，很可能有当列入参考者而未能列入。所谓“文献”并不都是学术论著，有的只是反映某种动向的消息报道，或小字报式的辩论文字。选列于此，对将来的读者或许有点认识作用。知道在这个时代在某个问题上曾经有过什么样的争论。所谓“参考”，不只是笔者个人在写作过程中参考过，也是提请读者参考。

著　者

2005 年 5 月 6 日

［英］C. P 斯诺．陈克艰，秦小虎，译．《两种文化》．上海：上海科学技术出版社，2003.

［英］阿伦·布洛克．董乐山，译．《西方人文主义传统》．北京：三联书店，1998.

蒋廷黻．《中国近代史》．长沙：岳麓书社，1999.

梁启超．《李鸿章传》．南京：百花文艺出版社，2001.

金耀基．《从传统到现代》．北京：中国人民大学出版社，1999.

罗志田．《国家与学术：清季民初关于“国学”的思想论争》．北京：三联书店，2003.

桑兵．《晚清民国的国学研究》．上海：上海古籍出版社，2001.

周光庆．《汉语与中国早期现代化思潮》．哈尔滨：黑龙江教育出版社，2001.

游汝杰．《西洋传教士汉语方言学著作书目考释》．哈尔滨：黑龙江教育出版社，2002.

马祖毅．《中国翻译简史》．北京：中国对外翻译出版公司，2004.

罗荣渠.《从“西化”到现代化》. 北京：北京大学出版社，1990.

［美］汪荣祖.《走向世界的挫折》. 长沙：岳麓书社，2000.

费锦昌.《中国语文现代化百年记事》. 北京：语文出版社，1997.

何九盈.《中国现代语言学史》. 广州：广东教育出版社，1995.

刘禾. 宋伟杰，等，译.《跨语际实践——文学、民族文化与被译介的现代性》. 北京：三联书店，2002.

［意］马西尼. 黄河清，译.《现代汉语词汇的形成——十九世纪汉语外来词研究》. 上海：汉语大词典出版社，1997.

［德］李博. 赵倩，王草，葛平竹，译.《汉语中的马克思主义术语的起源与作用》. 北京：中国社会科学出版社，2003.

冯天瑜.《新语探源——中西日文化互动与近代汉字术语生成》. 北京：中华书局，2004.

［美］张灏. 崔志海，葛夫平，译.《梁启超与中国思想的过渡》. 南京：江苏人民出版社，1997.

［美］周策纵. 陈永明，等，译.《五四运动史》. 长沙：岳麓书社，1999.

胡不归，等.《胡适传记三种》. 合肥：安徽教育出版社，2002.

周振鹤.《逸言殊语》. 杭州：浙江摄影出版社，1998.

郭伯康.《中国语文工作者的使命——“语文现代化问题”座谈会纪要》.《语言文字应用》1996 年第 3 期.

郑敏.《世纪末的回顾：汉语语言变革与新诗创作》. 见《知识分子的立场：激进与保守之间的动荡》，长春：时代文艺出版社，2002.

范钦林.《如何评价“五四”白话文运动？——与郑敏先生商榷》. 见《知识分子立场：激进与保守之间的动荡》，187 页，长春：时代文艺出版社，2002.

郑敏.《关于〈如何评价“五四”白话文运动〉商榷之商榷》. 见《知识分子立场：激进与保守之间的动荡》，198 页，长春：时代文艺出版社，2002.

余英时.《中国近代思想史上的激进与保守——香港中文大学廿五周年纪念讲座第四讲》. 见《钱穆与中国文化》，188 页，上海：上海远东出版社，1996.

张荫麟.《近代中国学术史上之梁任公先生》. 见《素痴集》，南京：百花文艺出版社，2005年，李洪岩编选.

陈独秀.《开办〈安徽俗话报〉的缘故》.《安徽俗话报》第1期，署名：三爱，1904年3月11日.

陈独秀.《我们为甚么要做白话文？——在昌武文华大学讲演底大纲》.《晨报》1920年2月12日.

陈独秀.《新文化运动是什么?》.《新青年》7卷5号，1920年4月1日.

余又荪.《日译学术名词沿革》.《文化与教育旬刊》69—70页，1935年10月30日（此文为钟少华先生提供复印件）.

王云五.《新名词溯源》.见《旧学新探——王云五论学文选》，上海：学林出版社，1997.

［荷］高柏(koos Kuiper).《经由日本进入汉语的荷兰语借词和译词》.见《学术集林》卷七，上海：上海远东出版社，1996.

陈平原.《八十年前的中学国文教育之争——关于新发现的梁启超文稿》.《中华读书报》2002年8月7日.

［日］清水贤一郎.《传播空间的开创——梁启超“新文体”的诞生与明治东京的传媒文化》.见《中华文史论丛》2001年第2辑，上海：上海古籍出版社，2001.

何兆武.《也谈对〈学衡〉派的认识与评价》.《读书》1999. 5.

费勇.《汉语·汉语理论·现代汉语诗学》.见《思想文综》(第一辑)，广州：暨南大学出版社，1995.

罗厚立.《国粹与欧化：从清季到民初的观念传承》.《读书》2002. 1.

吴义雄.《“广州英语”与19世纪中叶以前的中西交往》.《近代史研究》2001年第3期.

陈松岑.《“文革”语体初探》.《中国语文》1988. 3.

李静整理.《新词语：从哪里来，到哪里去——专家谈语言的发展社会变迁》.《北京青年报》2002年4月10日.

陆永昌.《翻译与时代》.《中华读书报》2003年10月15日.

沈卫威.《“学分南北”与“东南学风”》.《中华读书报》2004年7月14日.

许俏文.《四书五经进课堂》.《北京青年报》2001年11月29日.

木斋.《不必反对文言文写作》.《中华读书报》2001年9月12日.

赵艳红，张家兴.《校园读经众说纷纭》.《中华读书报》2002年2月27日.

段崇轩.《读经热的冷思考》.《中华读书报》2004年12月4日.

耿法.《闲话“博士体”》.《中华读书报》2004年4月7日.

周志刚.《私塾最后的之乎者也》.《南方周末》2004年2月19日.

陈香.《中小学生该不该远离文言文?》.《中华读书报》2004年4月28日.

西渡.《文言是我们的“家”吗?》.《中华读书报》2004年7月7日.

陈永苗.《愚公山的读经运动》.《中华读书报》2004年8月25日.

王彬彬.《我们是否配读经》.《中华读书报》2004年9月8日.

朱杰人，吕友仁.《经,总得有人读吧》.《中华书报》2004年11月10日.

陈松泉.《不配读经就不该去读经?》.《中华读书报》2004年11月3日.

茅于轼.《建议在小学选读繁体字》.《南方周末》2004年3月11日.

周胜鸿.《也谈“在小学选读繁体字的建议”》.《南方周末》2004年3月25日.

秋风.《为什么不能读经?》.《南方周末》2004年7月22日.

刘海波.《蒙昧的教育理念与传统观——评薛涌先生的反读经观点》.《南方周末》2004年7月22日.

朱国华.《背诵、经典与文化保守主义》.《南方周末》2004年7月22日.

刘海波.《再辨读经》.《南方周末》2004年7月29日.

周日安.《简论网络语言》.《语言科学》第2卷第4期，2003年7月.

［韩］梁仁善，谢永芳.《谈谈网络词语》. 见《南开语言学刊》第三辑，天津：南开大学出版社，2004.

李莉.《网络语言的性质及特点》.《语文研究》2005年1月.

孔颖达.《尚书正义》. 见《十三经注疏本》，北京：中华书局，1982.

黄怀信，等.《逸周书汇校集注》. 上海：上海古籍出版社，1995.

刘宝楠.《论语正义》. 郑州：河南人民出版社，1986.

李延寿.《南史》. 北京：中华书局，1975.

李延寿.《北史》. 北京：中华书局，1983.

欧阳修.《新五代史》. 北京：中华书局，1997.

脱脱，等.《辽史》. 北京：中华书局，1996.

李丹林，李景屏.《萧太后评传》. 成都：四川大学出版社，2000.

《顺天府志》. 北京：北京大学出版社，1983.

常征，于德源.《中国运河史》. 北京：北京燕山出版社，1989.

袁祖亮.《中国古代人口史专题研究》. 郑州：中州古籍出版社，1994.

袁祖亮.《中国古代边疆民族人口研究》. 郑州：中州古籍出版社，1999.

童书业.《童书业历史地理论集》. 北京：中华书局，2004.

费孝通，等.《中华民族多元一体格局》. 北京：中央民族学院出版社，1989.

贾敬颜.《五代宋金元人边疆行记十三种疏证稿》. 北京：中华书局，2004.

程妮娜.《东北史》. 长春：吉林大学出版社，2001.

周祖谟.《颜氏家训音辞篇注补》. 见《问学集（上）》，北京：中华书局，1981.

段安节.《乐府杂录》. 沈阳：辽宁教育出版社，1998.

邵雍. 王从心，整理；李一忻，点校.《皇极经世》. 北京：九州出版社，2003.

张炎. 夏承焘，校注.《词源注》. 北京：人民文学出版社，1998.

沈义父. 蔡嵩云，笺释.《乐府指迷笺释》. 北京：人民文学出版社，1998.

蔡桢.《词源疏证》. 北京：北京市中国书店，1985.

邵伯温.《邵氏闻见录》. 北京：中华书局，1983.

方成培. 杨柳，校点.《香研居词麈》. 沈阳：辽宁教育出版社，1998.

戈载.《词林正韵》. 上海：上海古籍出版社，1981.

[意] 利玛窦. 何高济，等，译.《利玛窦中国札记》. 北京：中华书局，1990.

[葡] 安文思. 何高济，等，译.《中国新史》. 郑州：大象出版社，2004.

[法] 李明. 郭强，等，译.《中国近事报道》. 郑州：大象出版社，2004.

［意］马国贤．李天纲，译．《清廷十三年》．上海：上海古籍出版社，2004.

［美］卫斐列．顾钧，等，译．《卫三畏生平及书信》．桂林：广西师范大学出版社，2004.

［美］丁韪良．沈弘，等，译．《花甲忆记》．桂林：广西师范大学出版社，2004.

［英］威妥玛．张卫东，译．《语言自迩集》．北京：北京大学出版社，2002.

张西平，李真，王艳，陈怡，等．《西方人早期汉语学习史调查》（上、下）．北京：中国大百科全书出版社，2003.

许明龙．《黄嘉略与早期法国汉学》．北京：中华书局，2004.

［日］安藤彦太郎．卞立强，译．《中国语与近代日本》．北京：北京大学出版社，1991.

［日］六角恒广．王顺红，编，译．《日本近代汉语名师传》．北京：北京大学出版社，2002.

中国社会科学院和澳大利亚人文科学院合编．《中国语言地图集》．Longman，香港，1987.

侯精一．《现代汉语方言概论》．上海：上海教育出版社，2002.

游汝杰．《汉语方言学教程》．上海：上海教育出版社，2004.

《钱玄同文集》．第三卷、第五卷，北京：中国人民大学出版社，1999.

张洵如．《〈北平音系十三辙〉序》．见《魏建功文集》（二），南京：江苏教育出版社，2011.

《陆志韦近代汉语音韵论集》．北京：商务印书馆，1988.

陈寅恪．《金明馆丛稿初编・从史实论切韵》．北京：三联书店，2001.

陈寅恪．《金明馆丛稿二编・东晋南朝之吴语》．北京：三联书店，2001.

周一良．《魏晋南北朝史论集・南朝境内之各种人及政府对待之政策》．北京：北京大学出版社，1997.

谭其骧．《长水粹编・晋永嘉丧乱后之民族迁徙》．石家庄：河北教育出版社，2002.

王力．《论汉族标准语》．中国语文，1954年6月号．见《王力文集第二十卷》，济南：山东教育出版社，1991.

鲍明炜.《略论汉族共通语的形成和发展》.中国语文，1955年第6期.

林焘.《关于汉语规范化问题》.中国语文，1955年8月号.

黎锦熙.《从汉语的发展过程说到汉语规范化》.中国语文，1955年9月号.

罗常培.《略论汉语规范化》.中国语文，1955年10月号.

《为促进汉字改革、推广普通话、实现汉语规范化而努力》.人民日报社论，1955年10月26日。中国语文，1955年11月转载.

群策.《现代汉语规范问题学术会议纪要》.中国语文，1955年11月号.

罗常培，吕叔湘.《现代汉语规范问题》.中国语文，1955年10月号.

罗常培，吕叔湘.《现代汉语规范问题》.语言研究，1956年第1期.《吕叔湘全集》第12卷，沈阳：辽宁教育出版社，2002.

《国务院关于推广普通话的指示》.1956年2月6日，中国语文，1956年第1期转载.

朱星.《汉语普通话的来历》.语言教学与研究，第四集，1979年2月.

李新魁.《关于〈中原音韵〉音系的基础和“入派三声”的性质》.中国语文，1963年第4期.

李新魁.《论近代汉语共同语的标准音》.语文研究，1980年第1期.

（以上两文均收入《李新魁自选集》.郑州：河南教育出版社，1993年）

李新魁.《再论〈中原音韵〉的入派三声》.见《李新魁音韵学论集》，汕头：汕头大学出版社，1999.

李新魁.《普通话语音发展述略》.见《李新魁音韵学论集》，汕头：汕头大学出版社，1999.

李新魁.《近代汉语南北音之大界》.见《李新魁音韵学论集》，汕头：汕头大学出版社，1999.

杨耐思.《普通话语音探源》.见《近代汉语音论》，北京：商务印书馆，1997.

俞敏.《北京音系的成长和它受的周围影响》.方言，1984年4月.

俞敏.《现代北京话和元大都话》.见《俞敏语言学论文二集》.北京：北京

师范大学出版社，1992.

张卫东.《近代汉语语音史研究的现状与展望》.《语言科学》.2003年第2卷第2期，又见《汉语言文字学论文集》，北京：中国社会科学出版社，2004.

林焘.《北京官话溯源》.中国语文，1987年3月.

《林焘语言学论文集》.商务印书馆，2001.

薛凤生.《北京音系解析》.北京：北京语言学院出版社，1986.

周祖谟.《宋代汴洛语音考》.见《问学集（下）》，北京：中华书局，1981.

周祖谟.《敦煌变文与唐代语音》.见《周祖谟语言学论文集》，北京：商务印书馆，2001.

周祖谟.《唐五代的北方语音》.见《周祖谟语言学论文集》，北京：商务印书馆，2001.

丁邦新.《重建汉语中古音系的一些想法》.中国语文，1995年6月.

鲁国尧.《客、赣、通泰方言源于南朝通语说》.见《鲁国尧语言学论文集》，南京：江苏教育出版社，2003.

鲁国尧.《"颜之推谜题"及其半解》.见《鲁国尧语言学论文集》，南京：江苏教育出版社，2003.

鲁国尧.《明代官话及其基础方言问题——读〈利玛窦中国札记〉》.见《鲁国尧语言学论文集》，南京：江苏教育出版社，2003.

何九盈.《中国现代语言学史》.广州：广东教育出版社，1995.

王理嘉.《汉语拼音运动与汉民族标准语》.北京：语文出版社，2003.

2007 年版后记

看完这本小书的校样，不觉产生如下想法：人到晚年，有饭可吃，有衣可穿，有书可读，有话可说，有老妻可作伴，百体无灾，天君无系，这算是一种什么样的境界呢？我想，诸葛先生所谓的“淡泊明志”“宁静致远”，也就是这个样子吧。

我们湖南人曾国藩是相信运气的。他在给郭嵩焘的信中说：

> 事会相薄，变化乘除，吾尝举功业之成败，名誉之优劣，文章之工拙，概以付之运气一囊之中，久而弥自信其说之不可易也。

他曾对人戏言：“他日有为吾作墓志者，铭文吾已撰：‘不信书，信运气；公之言，告万世。’”① “运气”这种东西，有宿命论的解释，有科学的解释。在宿命论者看来，上面说的“五有”“二无”之境乃前世注定，乃上天注定；从科学观点而言，运气取决于性格，运气取决于时机。好运靠个人拼搏而来，也靠时代的恩赐，个人的运气与国家的运气、民族的运气密不可分。百余年来的中华民族灾难深重，如今时来运转，我辈小民也就不愁吃穿、“有书可读”“有话可说”了。

所谓“有话可说”，无非是像鸟鸣于春、雷鸣于夏、虫鸣于

① 欧阳兆熊.《水窗春呓》. 17 页，中华书局，1997.

秋、风鸣于冬而已，无非是像韩愈、孟东野之流，“皆以其所能鸣”。我，作为一个以汉语为母语的人，作为一名汉语研究工作者，理所当然要为汉语而鸣，为汉语的历史而鸣，为汉语的命运而鸣，为汉民族之兴盛而鸣，这本小书的主旨就在于此。

我绝非民族主义者，甚至很厌恶狭隘的民族主义，但我很不赞同阿尔温·托夫勒所言，在“第三次浪潮”中，“民族国家已经寿终正寝了”，“已遭到了来自内部和外部的毁灭性打击”。[①] 相反，地球村的诸多民族，正利用第三次浪潮，击水三千，扶摇而上，为语言多元化，文化多元化，怒而奋飞，“而后乃今将图南”。

中华腾飞，乃五千年一大变革之局也。由古代飞向现代，当以二百年为期。本书认为中国的现代化滥觞于19世纪60年代，到21世纪60年代，一个崭新的现代化中华将屹立于地球的东方。同时认为：“中国语文转向与中国文明模式的现代化几乎是同步进行的。正如中国现代化是命定的也是唯一理性的选择一样，中国的语文转向，同样是命定的，是唯一理性的选择。”本书提出现代书面语发展的五个阶段和三个来源，就是对以往百年语文转向的初步总结。

回顾汉语共同语的历史，是《三论》中的第二论。“一源三京”、两个南北朝造就了两种官话，以入声作为区分中古与近代普通话的重要标准、区分官话的性质与地位、普通话的发展“始于一归于一”的理论构架，就其完整性、系统性而言，均为本书独创，此亦文辞之“善鸣者”也。

---

① ［美］阿尔温·托夫勒．朱志焱，等，译．《第三次浪潮》．426页，三联书店，1984.

在这样一个大变革大开放的时期，密切关注汉语未来的命运，完全是出于历史的责任感。我信奉为学术而学术，却不赞同玩学术而玩物丧志，更不赞同以学术为敲门砖。汉语兴亡，匹夫有责，岂敢因年老位卑默而不鸣！《全球化时代的汉语意识》，作为一个理论框架而言，亦为本书独创，也是扎硬寨打死仗的心血之作。

任何一个框架的构建，都要有事实为据，没有事实为据的理论是苍白无力的，是飞不起来的。

本书所使用的大量资料，是长年累月一条一条积攒起来的。绝大多数材料，都是亲眼所见亲手摘抄下来的。有的采自美国，有的摘自香港。其中有相当一部分材料来自专业以外的书籍。我所要解决的问题，在专业范围之内几乎找不到“铁证”。我断言辽金时期东北地区各民族以汉语作为通用语，并进而肯定东北官话与北京官话之间的内在联系，铁证就来自许亢宗的《行程录》。第一眼见到这条材料，我兴奋了好几天。在解决明清时期南京官话与北京官话的关系问题时，我提出要区分地位与性质的不同，“决定官话地位的三个条件”，“‘胡儿’学得汉儿语，又向汉儿传正音”……都是从材料中总结出来的，其中外国传教士所记载的汉语资料最为有用。我对入声问题的认识，段安节的《乐府杂录》以及清人方成培的《香研居词麈》，都提供了最有力的证据。《论全球化时代的汉语意识》究竟引用了多少种材料，我懒得去统计，但涉及面之广，搜集之勤，读者一看就能明白的。我无意堆砌材料，但要由材料抽象出理论，由理论构成框架。材料是人家的，而抽象过程是我自己完成的，理论框架是我自己构建的。材料只有抽象化、理论化，组织到系统中去，材料才能发挥作用。何种材料可以做栋梁，何种材料可以做门窗，何种材料可以打地基，运用之妙，存乎一心。从材料到理论，是一个极为艰辛的劳动过程，也是一个极为复杂的思考过程。最精要的理论，高度概括的理论，可能只是一句话或几句话，或者只是一条公式，而处理过的材料，保存下来的材料必须是一大堆。这不仅是立论的需要，也是对读者的尊重。读者可以根据材料检验你的理论，也可以根据材料引出新的结论。

一个新的学术领域的开辟，往往是“其作始也必简，其将毕也必巨”。[①]《三论》基本上属于“作始”之章，亦在“必简”之列；有“善鸣者”出，推出皇皇巨著，等待《三论》的，就是“用覆酱瓿”的命运了。即使如此，我也不会有“覆瓿书成空自苦”的慨叹[②]，夫抛砖而能引玉，何憾之有！

天高地迥，宇宙无穷；物物随化，新新不居；后水非前水，今形非昨形。《三论》为何物？随风而逝，不亦宜乎！

《三论》由语文出版社出版，并由南保顺先生担任责编，深表感激。

何九盈

2006年11月12日

于蓝旗营抱冰庐

---

① 《庄子集解·人间世》. 中华书局，1987.

② 陆游.《病起镜中见白发……偶得长句》. 见《剑南诗稿校注》卷十七，1327页，上海古籍出版社，2005.

2015年版后记

《汉语三论》出版至今，已有八个年头了，读者反映还不错，有的先生还写了热情洋溢的书评，在此深表感谢。

为了适应不同读者的需要，现将《三论》改为两本小册子分别出版。改正了几十处印刷上的或原稿就有的文字上的错误，个别地方有所增删，基本内容没有什么改动。

《三论》之所以值得改版重印，是由于书中的主要内容、基本观点，不仅没有过时，而且仍然有自己的理论价值、实用价值。八年中也没有出现可以取而代之的类似著作。

个人认为：在整个全球化的历史发展过程中，“汉语意识”将始终是一个具有挑战性质的重大的尖锐的话题。“语文转向”也是语言决策者、语文教育工作者以及一切文字工作者共同关心的文化大业，白话文的发展离不开正确的方向和健全的理论指导。至于普通话的历史研究，还很不全面，个别问题的看法也是见仁见智。个人的研究如能起促进作用就心满意足了。

这些年来，我一直在思考一个问题：今后五百年、千年之内，汉语的生存状态将会如何？

预测的结论是：机遇与危机并存。

所谓“危机”，不是指存亡问题，而是能否保持强劲的竞争能力和无可替代的国际地位以及永远旺盛的语言自信心。

我们有足够的语言自信心吗？

无论是过去还是现在，无论是在国内还是在国外，对汉语缺乏信心的大有人在。

2013年10月中信出版社出版了《李光耀论中国与世界》一书。该书第一章在讨论“中国实施民族复兴的主要障碍是什么?”时，李先生认为：

从内部看，主要挑战是文化、语言以及不能吸引、同化他国人才，今后还会面临治理方面的挑战。

我不知道中国在雇用外国人才时能否克服语言障碍及由此带来的困难，除非让英语成为主导语言，就像新加坡一样。

但新加坡在过去40年间努力把英语确立为第一语言，把汉语作为第二语言……我们这么做是为了向世界开放自己，使我们自己接触并利用那些促进发现、发明与创造力的主要力量，这些力量不仅存在于英语这门语言中，还存在于英语的思维方式中。

在新加坡这样的小型国家，我们可以运用强势的领导力做到这一点，虽然我曾经建议一位中国领导人把英语作为中国的第一语言，但对于一个自信的大国和文化而言，这显然是不现实的。但语言的确是一个严重的障碍。①

我相信李先生的这些意见、“建议”完全是友好的，是善意的。2013年11月8日下午，我在给古汉语研究生讲《21世纪的汉语史研究——促进汉语史学科发展的一些想法》时，对李先生的上述观点有所回应。

李先生“是我们尊敬的长者”，他对中国“主导语言”的看法、建议，属于顶层设计的国策范围，在中外读者群中一定会产生深远的影响，我们研究汉语的人不能漠不关心。

---

① 《李光耀论中国与世界》. 10、13页，中信出版社，2013.

其实，我个人的看法很简单也很明确：李先生所谓的“主导语言”问题，对汉语而言是百分之百的危机，是无法估量的灾难性的危机。

在中国，不论任何一项顶层设计，都要考虑三个数字：一是5千年，二是13亿5千万，三是56个民族。如何对待语言问题，这三个数字尤为重要。

五千年文明史，留下了海量的文献资料，这笔财富是当今世界上任何一个民族、国家所没有的。这批代代相传的文献资料主要是用汉语汉字构建起来的，其中包含着丰富的智慧、经验和人类如何共同生存的哲思以及追求真善美的伟大进程。中国人如果改为以英语为“主导语言”，就等于自己割断自己的历史命脉，自己抛弃自己的核心价值观，自己毁灭自己的团结纽带，从而沦为失去民族特色的、仰人鼻息的只会赚钱、只会追求物质利益的高等技术动物。什么三皇五帝、唐诗宋词、十三经、二十四史，都见鬼去吧。“中国人”成了只会说英语的“假洋鬼子”，有哪个中国人希望看到这样的社会愿景呢！

“主导语言”，对于一个伟大民族的主导语言来说，她就是该民族的标志。包含着该民族的全部记忆、经验、智慧，是该民族生存发展的根据地，是千百万年发展演变的结晶。她的语音、词汇、语法结构、书写形式，都有着长期的、深厚的文化积淀。汉语、汉字和汉民族已经是骨肉关系，是不可分离割裂的。

从现实社会实际而言，一个有着13亿5千万人口的头等大国，靠什么力量凝聚在一起？中央政府用什么工具号令全体人民群众？我们有56个民族，有众多的民族语言，各民族之间的交往以什么作为交际工具？在历史上中华民族出现多次社会大分裂，靠什么纽带维持了形分而神不分的文化局面？一言以蔽之，靠的是汉语、汉字、汉文化。

汉语作为“主导语言”，功在千秋，利在当今。如果改为以英语为“主导语言”，社会混乱、分裂，立马可见。

所谓“主导语言”，起码应在以下七个方面起主导作用：学校教育，法律语言，政府公文，媒体用语，外交用语，学术用语，以及国内各民族的共同用语。在这些领域若均以英语为第一语言，以英语为“主导语言”，这就意味着，从幼儿园到高等学校，一律用英语，全国“两会”要用英语，新闻联播要用英语，接见外宾要用英语，秋菊打官司要用英语，研究“中国学”一律用英语，这里典型的自我殖民化，中华民族真的就要遭殃了。

历史经验告诉我们：中国现代化的最大障碍，既不是语言，也不是文化。是什么？首先是帝国主义的野蛮入侵，尤其是日本帝国主义，它给中国人民所造成的灾难，罄竹难书。只要世界上还存在霸权主义，还存在战争狂人，还存在侵略者，中国的现代化就潜藏着危机，汉语就存在危机。从国内而言，以往的军阀混战，经济凋敝，民不聊生，也是现代化的最大障碍。

汉语和汉字从来就不是社会发展的障碍。赵元任说：“汉语就其普遍性而言，跟世界各种语言相比，得分是很高的，它可以和西方古代的拉丁语的地位相比，甚至高出拉丁语。”“世界上有这么多的人讲汉语，因此历来有人主张把汉语作为世界语言的可能的候选者。”[①] 又说，“汉语的文字系统，即使把简化字考虑在

① 《谈谈汉语这个符号系统》．见《赵元任语言学论文集》，888 页，商务印书馆，2002.

内，当然是很不简单的，可是它在优美性尺度上的等级是高的。”[1]“汉语的文字系统，外族人固然感到困难，本族儿童也不容易学会……另一方面，一旦学会了汉语的文字系统，它的丰富的花样就有助于辨认，这比多次复现同一些少量的要素来得优越。”[2] 又说：“人们学会了一千个字之后就能猜测新字的读音而且有时能猜对。开头的一千个字是难的。”

赵元任是语言大师，长期生活在美国，精通多种语言，他对自己的母语充满信心，充满赞美之情，这种信心、赞美不只是情感的流露，而是以科学比较、客观分析为基础的。热衷于自我殖民化的人，比赵元任还更了解汉语和英语吗？

我以为世界上各种语言文字，都是了不起的伟大创造，都有自己的优缺点，对他者而言都会构成一定的障碍，这是上帝造成的。只要巴别塔还不能通天，我们就要正视障碍，可以超越，而不是拆除。至于谁是“主导”，谁该排“第一”，谁该排“第二”，基本上不取决于语言自身，而是取决于权力，在权力的躯壳中又隐藏着一整套不同的核心价值。也就是说：语言—权力—价值，三位一体。语言的失落，也就是权力的失落，价值的失落，这已为古今中外无数历史事实所证实。远的不说，苏联解体，东欧转向，俄语的命运立即随之改变，这是尽人皆知的事实。

同样也是尽人皆知的事实，现在有人要向全世界推行自己的核心价值观，公开宣言要“领导”全世界，他们的总统要“总

① 《谈谈汉语这个符号系统》. 见《赵元任语言学论文集》，879 页，商务印书馆，2002.
② 《赵元任语言学论文集》. 881、886 页，商务印书馆，2002.

统”全世界；谁敢不服，就斥之为“民族主义”“保守主义”；再不服，就继之以“封锁”“制裁”“打击”；我们能离开这样的国际环境来读什么更换“主导语言”吗！

以英语作为工具和以英语作为“主导”，无论是性质还是后果，都是迥然不同的。作为工具，英语无疑要受到高度重视。让他君临汉语之上，使汉语边缘化，性质就变了，后果也就严重了。

语言问题从来就与民族兴亡相关，这么浅显的道理都不懂，或者不敢正视，尊严、独立、自主、自信，从何谈起！

尊敬的读者（包括未来千百年内的读者），请记住我的话：只要地球村还没有进入永久的和平时代，汉语的生存状态就只能是机遇与危机并存。

人类还很年轻，还会犯很多错误，战争仍然有正义和非正义之分，和平时代的到来，战争的永远结束，不知道要经过多少代人才能实现。因此，以汉语为母语的人们，抓住机遇，化解危机，既是当代人的责任，也是子孙后代的责任！

何九盈

2014年8月9日

于北京西郊抱冰庐